幼儿园课程资源
开 发 与 利 用 丛书

丛书主编　钱月琴

我家在镇上

主　编　沈方勤　陆倩旎

苏州大学出版社

图书在版编目(CIP)数据

我家在镇上 / 沈方勤,陆倩旎主编. -- 苏州:苏州大学出版社,2023.7(2023.9重印)
(幼儿园课程资源开发与利用丛书 / 钱月琴主编)
ISBN 978-7-5672-4472-6

Ⅰ.①我… Ⅱ.①沈… ②陆… Ⅲ.①幼儿园-课程建设-研究 Ⅳ.①G612

中国国家版本馆 CIP 数据核字(2023)第 132459 号

书　　名	我家在镇上 WO JIA ZAI ZHENSHANG
主　　编	沈方勤　陆倩旎
责任编辑	谢金海
策　　划	谢金海
出版发行	苏州大学出版社(Soochow University Press)
社　　址	苏州市十梓街1号　邮编:215006
印　　刷	苏州市古得堡数码印刷有限公司
邮购热线	0512-67480030
销售热线	0512-67481020
开　　本	889 mm×1 194 mm　1/20　印张:7　字数:139千
版　　次	2023年7月第1版
印　　次	2023年9月第3次印刷
书　　号	ISBN 978-7-5672-4472-6
定　　价	58.00元

若有印装错误,本社负责调换
苏州大学出版社营销部　电话:0512-67481020
苏州大学出版社网址　http://www.sudapress.com
苏州大学出版社邮箱　sdcbs@suda.edu.cn

"幼儿园课程资源开发与利用丛书"
编委会

顾　问　张春霞

主　任　季小峰

副主任　周　萍　顾忆红

编　委（按姓氏笔画排序）

王亚红　王惠芬　吕淑萍　朱　静　孙文侃

吴小勤　沈　红　沈方勤　沈艳凤　张　琼

张利妹　陈小平　陈秋英　胡　娟　莫美华

钱明娟　徐　桢　徐国芬

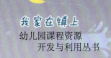

序

吴江区高度重视学前教育的发展。长期以来，吴江区学前教育工作者注重抓内涵、提质量，在幼儿园课程建设方面做了很多扎实有效的工作。

江苏省实施课程游戏化项目以来，吴江区学前教育工作者努力进行课程游戏化的区域推进，为课程游戏化提供了示范，吴江区涌现出了许多高质量课程建设的典型。尤其是在资源深度挖掘和利用方面，很多幼儿园强化课程意识和资源意识，增强目标意识和效率意识，深入挖掘和利用本地课程资源，努力将资源优势转化为经验优势，形成了课程资源开发和利用的吴江经验。

吴江是一个具有深厚文化历史底蕴的地方，名人、遗迹、名胜不胜枚举，具有鲜明江南特色的古镇和村落，丰厚肥沃的土地，孕育了万千生命和厚重的文化。对于如何挖掘和利用吴江的自然与文化资源，吴江的老师们进行了积极的探索和创新。他们从幼儿身心发展规律出发，深入分析本地各类资源对儿童发展的价值，形成了一系列资源开发和利用的途径与策略，让幼儿在多样化的活动中感受文化、体验文化、理解文化、表达文化和创新文化。丰富的幼儿园课程内容，充实了儿童的生活，增进了儿童的体验和情感，增强了儿童的操作和表现能力。

这套丛书是吴江区各幼儿园从不同的资源出发，深入研究儿童的需要和兴趣，系统开展多种形式的活动，充分利用儿童的多种感官，有效促进儿童对文化的了解、理解和表达，不断丰富和充实儿童经验的实践成果。相信这套丛书一定能给幼儿园课程建设提供有益的经验和启示，一定能为学前教育质量的提升做出贡献。

南京师范大学教育科学学院教授、博士生导师

2023 年 5 月

前 言

莼鲈之香正十年

秋风斜阳鲈正肥，扁舟系岸不忍去。

吴江位于苏浙沪两省一市的地理交界处，是"鱼米之乡""丝绸之府"，有古镇、蚕桑、运河……历史悠久，资源丰富。

十余年来，吴江学前教育坚持以"贯彻落实《3—6岁儿童学习与发展指南》精神，开展幼儿园生活化游戏化课程建设"为抓手，区域性全面推进、全类覆盖、全员参与课程游戏化项目区实践。"区域推进不是要求区域统一，本质是让幼儿园各尽其能，充分调动每一位教师的专业才智，充分利用一切空间和资源，最大限度地发挥对儿童发展的支持和促进作用，从而提升教育质量。"（虞永平）十余年间，吴江幼教人通过改造环境、优化课程、专家引领、提升师资、追随儿童、科学评价等策略，营造了良好的学前教育生态，从"幼有所育"走向"幼有优育"。

吴江区各幼儿园从资源入手积极探索"资源—活动—经验"的实践路径，通过梳理、分析本园资源，建构课程资源地图，制作课程资源清单，开展多样化教育活动，尝试建设适合本园的课程，积累了大量的一手资料，于是就有了这套"幼儿园课程资源开发与利用丛书"。

本套丛书不仅是吴江区各幼儿园在课程建设中开发利用本园周围的资源，开拓儿童课程源泉，促进儿童全面发展的生动实例，还是凝聚着全区"学前教育发展共同体"踔厉奋发、笃行不怠的成长足迹和探究精神的宝贵财富。在这套丛书里，你可能会看到因为年轻而存在的稚气，但更会看到因为年轻而勃发的对教育的追求和活力。

　　本套丛书有以下三个特点：一是实践性，每类资源的开发和活动的组织都是幼儿园实践过的；二是操作性，幼儿园提供了某资源开发和利用的理念、路径、方法和具体的活动，可以为同行提供范例和借鉴；三是普适性，这套丛书涉及的资源都是日常生活中普遍存在的、与幼儿生活密切相关的。本套丛书共有十三个分册，每个分册都是从资源介绍、开发理念、资源清单、基本路径、活动列举、课程计划、方案设计、活动叙事八个方面来编写的。虽然这些都是一线教师的实践积累，但在理念上可能尚有偏颇，在实践中可能存在需要改进的地方，不足之处敬请专家和同行提出宝贵意见，以便让这套书不断完善。

　　十年磨一剑，蓄势再扬帆。在未来十年，乃至更长一段时间，吴江区学前教育会继续与时俱进，勇立潮头，办出更多老百姓家门口的高质量幼儿园。

丛书编委会

2023 年 5 月

目 录

我家在镇上

- 资源介绍 /1
- 开发理念 /2
- 资源清单 /4
- 基本路径 /8
- 活动列举 /10

- 课程计划
  - 学期课程计划 /15
  - 主题活动计划 /21

- 方案设计

  主题活动方案 /25

  美丽的春天（小班） /25
  - 一、生活环节渗透　赏梨花 /25
  - 二、收集活动　春天的照片 /27
  - 三、调查活动　幼儿园里的花 /28
  - 四、区域活动　春日涂鸦 /30
  - 五、集体活动　梨花又开放 /32
  - 六、区域活动　制作梨花书签 /34

  家乡的美食（中班） /35
  - 一、调查活动　长长的队伍 /35
  - 二、参观活动　做油墩的人 /37
  - 三、集体活动　米粉从哪里来 /38

四、劳动活动　收稻啦　/40

五、集体活动　粒粒皆辛苦　/42

六、集体活动　镇上的辣脚店　/44

七、调查活动　辣脚旅行记　/46

八、区域活动　不同的味道　/47

九、生活环节渗透　萝卜回来了　/49

十、调查活动　萝卜大餐　/50

中国娃（大班） /53

一、集体活动　龙的传说　/53

二、参观活动　广场上的舞龙队　/54

三、区域活动　我做的龙　/56

四、区域活动　舞龙啦　/58

五、参观活动　大同文具店　/60

六、生活环节渗透　有用的筷子　/61

七、集体活动　家乡的名人　/63

八、参观活动　柳亚子故居　/64

家乡的桥（大班） /67

一、收集活动　桥的故事　/67

二、调查活动　古镇上的桥　/68

三、参观活动　桥的地图　/70

四、参观活动　道南桥　/72

五、参观活动　会唱歌的桥　/74

六、集体活动　禊湖秋月　/76

七、区域活动　建构桥　/78

八、劳动活动　黎园小小建筑师　/79

九、集体活动　太浦河大桥　/81

系列活动方案 /84

黎园显宝（中班） /84

一、参观活动　古镇显宝　/84

二、收集活动　我家的宝贝　/86

三、集体活动　宝贝的故事　/87

四、区域活动　宝贝身份卡　/89

五、生活环节渗透　黎园显宝　/90

有趣的编织（中班） /92

一、参观活动　参观竹器行　/92

二、劳动活动　修篱笆　/94

三、区域活动　有用的稻草　/96

黎川风光（大班） /98

一、调查活动　黎川河边　/98

二、集体活动　小小设计师　/99

三、收集活动　材料大收集　/101

四、区域活动　黎川风光　/103

老街廊棚（大班） /104

一、参观活动　廊棚在哪里　/104

二、集体活动　各式各样的廊棚　/105

三、区域活动　我们的老街廊棚　/108

单个活动方案 /110

一、区域活动 做"黎宝"（中班） /110

二、劳动活动 插秧啦（中班） /112

三、集体活动 旗袍（大班） /114

四、参观活动 锡器博物馆（大班） /115

五、区域活动 锡纸的作用大 /117

活动叙事

镇上的老房子 /118

热闹的黎川河 /123

后　记　/128

资源介绍

吴江区黎里镇位于苏、浙、沪两省一市交会的金三角腹地,东临上海,西濒太湖,南接浙江,北依苏州,是全国历史文化名镇、江南水乡古镇。境内河道纵横,湖荡密布,一条东西走向的市河贯穿镇区,市河又名黎川河,黎里一度随其名,曰:黎川。明、清、民国建筑依河而建,鳞次栉比的民居错落分布在全长近两千米的市河两岸,岸边就是街,两边街道夹着市河,组成了古镇特有的风景。市河上横跨有17座古桥,其中属于重点文物保护的有8座。黎里共有河埠头256座,在河埠头和驳岸上,分布着350多颗缆船石。

廊棚是古镇的一大特色。廊棚沿着河岸分布,形态各异,有的一面是房一面是河,有的两面都是房,还有的廊棚连接着凉亭挺立在河道旁。廊棚的式样也别具特色,有披檐式、人字式、骑楼式、过街楼式等,过往行人暑天可不打伞,雨天能不湿鞋,黎里古镇的廊棚成了周边居民休闲娱乐的好地方。

古镇的弄堂堪称江南古镇一绝,至今保存完好的有85条,其中70条为暗弄。弄堂多数超过60米长,更有多条超过百米。弄堂是黎里民众自明清以来600余年中生活实践的需要、历史的积淀。弄堂的结构也在不断地发展和变化,有双弄,有弄中弄,也有暗弄接明弄而成的三岔弄。追究暗弄堂的历史背景发现,其中还有许多奥秘等待我们研究。弄堂中斑驳的古墙、起伏的青砖无不展现着黎里深厚的文化底蕴。

自古以来,黎里人文荟萃,人才辈出。有晚清抗击沙俄的著名将领张曜,近代爱国诗人、被誉为"人中麟凤"的柳亚子,女革命家张应春,翻译家柳无忌,国际大法官倪征𣋓等20多位历史名人。

黎里古镇核心保护区拥有许多文物保护单位,其中柳亚子故居是国保单位,鸿寿堂、洛雅草堂、周宫傅祠属省保单位,此外,还有徐达源故居、东圣堂等是市保单位。

这里的民间美食丰盛：油墩、辣脚、套肠、老虎豆、多肉馄饨、文虎酱鸭、袜底酥……老街巷道偶尔传来的吆喝声，茶楼里的小曲声，为古镇增添了一丝丝人间烟火气；这里的民间手工艺别具特色：糖画、箍桶、锡器、竹编……黎里有着古镇特有的静谧与淡然，许多中外人士慕名而来，或游玩或居住。

黎里幼儿园位于古镇上，距离古街1千米左右，幼儿穿过弄堂徒步10分钟左右即可到达。幼儿园的老师和幼儿绝大部分是古镇原住民，生于此，长于此，对家乡有一种融于血脉的热爱、归属和依赖。

开发理念

《3—6岁儿童学习与发展指南》（以下简称《指南》）指出："我们要充分利用本地特有的乡土教育资源开展活动，激发幼儿爱家乡的品质，对家乡产生自豪感。"幼儿园、家庭、社会形成教育合力，应因地制宜，挖掘乡土资源，在幼儿园组织开展探索和实践活动，使当地的乡土资源发挥其独特的教育价值，显示其独特的魅力。黎里幼儿园在课程建设中，探索开发和利用古镇资源，家园合作引领幼儿回归生活，还原教育本真的实践样态。

尊重儿童"直接感知、动手操作、亲身体验"的学习特点

黎里古镇有着千百年的物质和文化的积淀，黎里幼儿园坐落于古镇，地理位置优越，幼儿就读于幼儿园，每天都浸润在古镇氛围中，在幼儿园课程中开发和利用古镇资源，是生活的需要、课程

的需要和幼儿发展的需要。古镇资源是有形的,廊棚、弄堂、各种美食等都是可以让幼儿直接感知、动手操作、亲身体验的,符合幼儿的学习特点。教师筛选古镇优质资源引入幼儿的课程,引导幼儿和资源有效互动,幼儿可以在游学中直接感知资源。如古镇的民间手工艺,幼儿不仅对其感兴趣,而且能直接感知操作,让幼儿在浓郁的文化情境中亲身体验,获取有益经验,是属于黎里幼儿园的具有独特价值的教育资源。

坚持陈鹤琴先生的"活教育"课程观

幼儿园的课程应该取自大自然、大社会,让幼儿在与自然和社会的直接接触中,在亲身观察实践中获取经验和知识。黎里幼儿园坚持陈鹤琴先生的"活教育"课程观,以大自然、大社会为活教材,引导幼儿直接感知、学习,建立"活"的课程资源观,创造适合本园的课程"行走"方式,培养新时代背景下的"活教育"人才。

关注"爱家乡"的情感教育

据调查统计,大部分就读于黎里幼儿园的孩子的祖祖辈辈都生活在黎里古镇上,幼儿对古镇上的建筑、景物、人物等有亲身经历和深厚感情。黎里幼儿园师幼在开发古镇资源的互动中传承、发扬家乡文化,旨在让所有的孩子在认识、了解家乡的人、事、物的过程中,沉浸在"爱家乡的人""爱家乡的物"的情感中,将来无论身处何方,常有一丝牵挂在黎里。

资源清单

资源地图

地图是按一定的比例运用线条、符号、颜色、文字注记等描绘显示某一个地方的行政区域、社会状态、地理位置等。资源地图在课程资源开发中也具备此种作用。黎里幼儿园的古镇资源地图绘制了幼儿园周边的重点古镇资源，这些资源经历了严格的初筛、复选等环节，每类资源用醒目、易懂的图标、数字、绘画进行表征，最大程度地再现现实生活中古镇资源的缩影，以及师幼开展的丰富多彩的实践活动的痕迹。

古镇资源地图

地图花絮——明暗弄堂怎么标?

在古镇资源地图的编制过程中,教师和幼儿都是学习者、探索者、研究者。其间发生了许多有趣的故事。

幼儿园到古镇老街的这段路很特别,短短 1 千米左右的范围内藏着大大小小的明暗弄堂百余条。怎么才能把这些弄堂在地图上清楚地标注出来?是不是所有的明暗弄堂都要标注?教师们通过搜寻黎里古镇旅游地图、《古镇黎里》等参考文献,根据初步实地踏勘结果,决定先尝试绘制,用白色线条表示明弄堂,用灰色线条表示暗弄堂,仅绘制了五六条弄堂,大家就发现地图已经和实际存在偏差,弄堂在地图上的位置非常容易混乱。

经过研讨,教师们带上纸笔及其他辅助工具再次走进弄堂,深入实地踏勘。黎里的弄堂宽窄不一,忽明忽暗,有的直通老街,有的走着走着就变成了"死弄堂",初来乍到者在古镇老街和弄堂中穿梭,如果没有在黎里土生土长的人带路,恐怕早就迷失在这神秘的弄堂小巷中。

踏勘回来后,教师们将一条条弄堂的位置在地图上进行简单标注,然后根据实际需要和作用,舍去一些不常有人走的,留下比较有特色的、人们往来频繁的弄堂予以绘制。最后,地图上先标注出有特色的暗弄堂 3 条,明弄堂 4 条,其他有待持续开发。

一条条深深浅浅的弄堂连接着悠远静谧的古镇街道和生机盎然的幼儿园,它们静静地向师幼发出邀请,等待着教师和孩子们一起探寻属于它们的秘密。

资源列表

教师们为了进一步梳理古镇资源,通过实地踏勘、查阅资料等方式,汇总出建筑资源、人文资源两大类资源清单,两类资源中又分别包含数种类别资源。建筑资源中有桥、弄堂、廊棚、文物保

护单位、民居、古驳岸、缆船石、河埠头；人文资源有历史名人、特产、风俗、民间工艺、六悦博物馆、黎川八景等。具体分类详见资源一览表（表1）。

表1 资源一览表

序号	类别	名称	资源描述	面积/数量
1	建筑资源	桥	样式上有多孔的大石桥、单孔的小石桥、宽敞的拱形桥、狭窄的石板桥等，旁边还有石碑记录着桥的由来。 拱形桥：青龙桥、道南桥、望恩桥； 梁式桥：迎祥桥、梯云桥、进登桥、清风桥、秋禊桥	共17座古桥
		弄堂	主干道垂直的狭窄的小弄堂，结构各异，绝大多数狭窄且幽深：有明弄，有暗弄，有水弄，有走马堂楼底的跨楼弄，有两弄紧依的"鸳鸯弄"，有直插郊外的"通风弄"，还有弄内生弄的"母子弄"。 暗弄70条，还有超过百米的弄堂，最长的135.7米，最窄的只有0.7米，而最宽的达2米。弄堂名称极富民间色彩，一般称"某家弄"。黎里古镇清中期排定了八大姓：周、陈、李、蒯、汝、陆、徐、蔡，每个姓都有弄堂。周家有周赐福弄，陈家有陈家湾堂弄，李家有李厅弄，蒯家弄有3条……	保存完好的明弄、暗弄、双弄、弄中弄、三岔弄等共计85条
		廊棚	黎里的廊棚有多种式样，有披檐式、人字式、骑楼式、过街楼式等	沿街都是
		文物保护单位	柳亚子故居、鸿寿堂、洛雅草堂、端本园、周宫傅祠、徐达源故居等	不可移动的各级文保单位28处
		民居	市河两边鳞次栉比的民居大多是木结构的两层楼房，翘角的檐、古朴的门扉、花格的窗，还有斑驳发黑的砖墙。面河的房屋都有遮风避雨的屋檐，由一根根木柱子连接形成了连廊，有的在水边还设置了长长的美人榻	沿河都是
		古驳岸缆船石	建于明清时期的古驳岸长3 800多米，嵌着350多颗各式各样的缆船石，上有暗八仙、笔锭、如意、犀角、双桃、双桔、如意得鹿、瓶生蜂猴、瓶生三戟和五色旗等花纹雕饰，属江南古镇之最	古驳岸长3 800多米；缆船石共有350多颗，花纹雕饰多达40余种
		河埠头	用于洗衣洗菜。河岸全由清一色石头垒筑	256座

续表

序号	类别	名称	资源描述	面积/数量
2	人文资源	历史名人	黎里古镇名人辈出，南宋至当代有赵磻老、周元理、倪寿芝、爱国诗人柳亚子、女革命家张应春等。还有南社、新南社的人物，较为著名的有蔡寅、毛啸岑、朱剑芒等。当代名医金一新、朱莲舫、金诵盘。影星殷明珠，国际大法官倪征燠，水利专家汝贤，翻译家蒯斯曛、柳无忌，中国社科院副院长、国务院学位委员会委员汝信等	30多人
		特产	黎里辣鸡脚、油墩、多肉馄饨、套肠、李永兴酱鸭、老虎豆、生禄斋糕点、紫阳观糕点、麦芽塌饼、皮蛋、酒酿饼等	10多样
		风俗	黎里民间的风气习俗，有七月初一黎里点桥灯、中秋显宝、送灶、接灶、廿四夜、八月十五城隍庙会、八月十六的城隍夫人会等	10余种
		民间工艺	民间工艺是黎里的一道独特人文风景，包含糖画、箍桶、竹编、锡器、通草堆画等，其中"竹器行"竹编师傅周富林为非遗传承人	5类多
		六悦博物馆	由美籍收藏家杜维明开设的民间艺术博物馆，陈列从各地收集的百姓日常生活中的老物件，总收藏的展品有10万余件，正常展出的也有4万余件	三层楼高，共约1 500平方米，户外面积大
		黎川八景	玛瑙春游，禊湖秋月，罗汉晓钟，中立晚眺，鸭栏帆影，鹤渚渔歌，江村夕照，揽桥残雪。目前八景中完好的是禊湖秋月，残存的有中立晚眺、揽桥残雪和罗汉晓钟3处	现存4处

基本路径

由于每个古镇的物产文化不同,因此,资源开发的方向和利用途径也就不同,甚至对于同一古镇资源,物产、人文资源的呈现方式不同,幼儿与资源互动的方式不同,开发利用资源的基本路径也会不同。黎里幼儿园在开发利用黎里古镇资源时主要采用了以下两条基本路径。

第一条,先计划后游学。以黎里古镇的建筑资源开发为例:可以从计划出发,在游玩中学习,游前、游后都需要师幼的研讨,如游前需要确定地点和路线、准备工具材料,需要抓住新的课程生长点;游中通常都伴随多种形式的记录,如测量、写生、拍照等;游后进行交流分享和统计汇总。

第二条,先故事后游学。黎里幼儿园的游学活动多数会从讲述故事开始,随后是去古镇实地踏看。如参观柳亚子故居前会说一说柳亚子先生的事迹,接着去柳亚子故居游学;中秋显宝前会收集家中老物件,讲述老物件的故事,然后利用古镇的一些博物馆资源进行游学。其间也融汇了计划、记录、分享等不同方式。

不管哪条路径,一般在现场游学回来后都要进行不同形式的分享交流,这是每条路径中的重要部分,有对前期活动的真实反馈,以便延展、生发出多样化的后继活动。但资源开发路径不是一成不变的,具体的实施路径可以根据孩子们的兴趣和发展需要来动态调整。实施期间,路径可能会发生交叉,为孩子们的发展留下无限的可能。

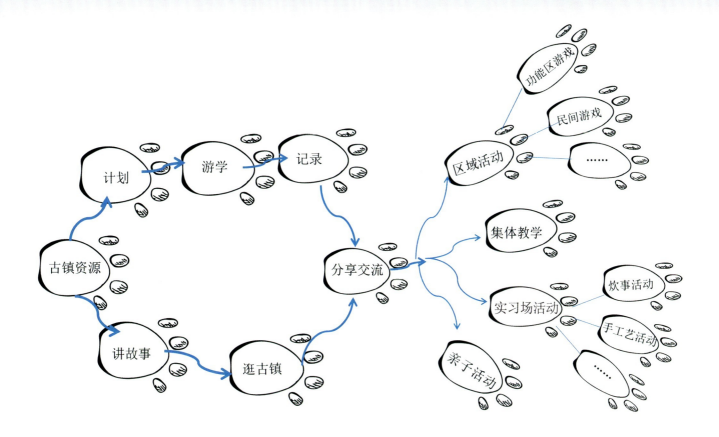

古镇资源引发活动的路径

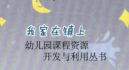

活动列举

幼儿园对古镇资源的开发与利用,从单个的活动开始,逐渐形成系列活动、主题活动,梳理成课程资源包,采用替换、优化的方式进入蓝本课程中。如后文的中班上学期"家乡的美食"主题活动、大班下学期"家乡的桥"主题活动,都是在古镇资源开发中形成的园本主题活动,替换掉蓝本课程中不适宜的主题;小班下学期"美丽的春天"主题活动、大班上学期"中国娃"主题活动,则是保留蓝本课程原主题,删减主题中不适宜的部分活动,再加入与主题相关的古镇资源开发的系列活动或单个活动,通过优化形成新的主题。具体的活动类别与名称可参考表2。

表2 活动列举表

活动类别与名称	领域	关键经验	年龄班	实施途径				
				教学	区域	生活环节	运动	实践
主题 家乡的美食（17）	科学、语言、社会、健康、艺术	1. 了解黎里的美食,能说出食物的名称,知道制作方法,尝试制作简单美食。 2. 通过调查古镇居民、游客,采访收集信息,学习用简单符号进行记录。 3. 在劳动中锻炼自我服务与服务他人的能力。 4. 对当地有代表性的物产有初步认知,增强对家乡的归属感	中班上	集体活动、小组活动、个人活动	生活区、美工区、科学区、建构区、阅读区、角色区	来园、晨间谈话、餐前谈话、散步、点心时间、离园	晨间体锻、集体活动、种植劳作、游学	调查活动、收集活动、参观活动

续表

活动类别与名称		领域	关键经验	年龄班	实施途径				
					教学	区域	生活环节	运动	实践
主题	家乡的桥（13）	科学、语言、社会、健康、艺术	1. 在游学实践中主动躲避危险，与人社交，记录桥的关键信息。 2. 通过观察、比较、分析，发现并描述不同结构桥的特征。 3. 感受到家乡的发展变化并为此感到高兴。 4. 在探究中与他人合作交流	大班下	集体活动、小组活动、个人活动	美工区、科学区、自然角、建构区、阅读区、角色区	来园、晨间谈话、餐前谈话、散步、离园	晨间体锻、游学	参观活动、调查活动、收集活动
系列	梨花节（9）	艺术、语言、科学	1. 对园内的梨花或其他花草树木有探究兴趣，在探究中发现其明显特征。 2. 用多种感官和动作去探索物体。 3. 发现生活中很多地方要用到数，能手口一致点数5以内的物体。 4. 喜欢观看春天花草树木等大自然中美的事物，进行艺术表征	小班下	集体活动、小组活动、个人活动	美工区、科学区、自然角、阅读区、表演区	来园、晨间谈话、餐前谈话、散步、离园	晨间体锻、集体活动	参观活动、调查活动
	黎园显宝（7）	语言、社会	1. 在家乡特有习俗中发展社会认知。 2. 在同伴面前基本完整地讲述自己听到的故事，尝试说说方言。 3. 从家中古董和古董的故事中引发爱身边的人、爱身边的事物、爱家乡的情感	中班上	集体活动、小组活动、个人活动	美工区、科学区、阅读区、生活区、角色区	来园、晨间谈话、餐前谈话、散步、离园	游学	参观活动、调查活动、收集活动
	有趣的编织（5）	艺术、健康	1. 认识生活中常见的编织物，尝试用自然物进行编织创作。 2. 用自然材料——芦苇进行手工创作，感受黎里古镇特有的编织文化	中班上	集体活动、小组活动、个人活动	美工区、科学区、阅读区、生活区、角色区	来园、晨间谈话、餐前谈话、散步、离园	晨间体锻、集体活动	收集活动
	亲亲石桥（6）	科学、艺术、健康	1. 感知区分物体粗细、厚薄、轻重等方面的特点，并能用相应的词语描述。 2. 用绘画、手工等方式表现自己观察到或想象到的事物	中班下	集体活动、小组活动、个人活动	美工区、科学区、建构区、阅读区、角色区	来园、晨间谈话、餐前谈话、散步、离园	晨间体锻、集体活动、游学	调查活动

续表

活动类别与名称		领域	关键经验	年龄班	实施途径				
					教学	区域	生活环节	运动	实践
系列	舞龙乐（6）	健康、社会、艺术	1. 理解规则的意义，能与同伴协商制订游戏和活动计划。 2. 通过舞龙等游戏发展幼儿肢体动作。 3. 激发团队合作意识，体会合作的重要性	大班上	集体活动、小组活动、个人活动	美工区、建构区、阅读区、角色区、表演区	来园、晨间谈话、午餐时间、散步、离园	晨间体锻、集体活动、游学	社会实践
	黎川风光（8）	科学、健康、艺术	1. 乐意参加户外参观活动，领略家乡风光。 2. 认真负责地完成自己所接受的任务。 3. 主动探寻生活材料，发现材料的结构与功能间的关系。 4. 用常见的几何形体有创意地拼搭出物体的造型	大班上	集体活动、小组活动、个人活动	沙池区、科学区	来园、晨间谈话、餐前谈话、散步、离园	户外活动	参观活动、调查活动
	老街廊棚（7）	科学、健康、艺术、社会	1. 认识廊棚，了解它的作用，感知先人的智慧。 2. 尝试用数字、图画、图表或其他符号进行记录。 3. 和他人合作交流，尝试整理、概括自己的探究成果。 4. 发现廊棚结构的不同，找出简单的排列规律，尝试搭建	大班上	集体活动、小组活动、个人活动	美工区、建构区	来园、晨间谈话、餐前谈话、散步、离园	搬运、远足	参观活动、调查活动
	明暗弄堂（6）	语言、艺术、健康、科学	1. 实地体验在弄堂中穿行的乐趣，对弄堂进行系统的观察。 2. 在成人的帮助下制订简单的调查计划并执行。 3. 用一定的方法验证自己的猜测并进行测量	大班下	集体活动、小组活动、个人活动	美工区、科学区、建构区	来园、晨间谈话、餐前谈话、散步、离园	集体活动、远足	参观活动、调查活动

续表

活动类别与名称	领域	关键经验	年龄班	实施途径				
				教学	区域	生活环节	运动	实践
系列 梨子丰收了（6）	健康、科学、艺术、社会	1. 体验丰收的喜悦。 2. 感知梨子外形特征与生存环境的适应关系。 3. 使用标准化的工具来收集信息。 4. 用简单的记录表、统计图等对梨子的丰收成果进行统计测量。 5. 分工合作，学习解决遇到的困难	大班下	集体活动、小组活动、个人活动	美工区	来园、晨间谈话、餐前谈话、散步、离园	采摘、搬运	调查活动
单个 做"黎宝"（1）	艺术、语言	尝试利用多种材料创作、表现"黎宝"的外形特征	中班上	集体活动	美工区	晨间谈话、散步		收集活动
单个 插秧啦（1）	健康	通过劳动增强动手能力，发展社会交往能力	中班下	小组活动	种植地	晨间谈话、餐前谈话、散步	劳动	调查活动
单个 旗袍（1）	艺术	初步了解旗袍区别于日常服饰的基本元素	大班上	集体活动	美工区	晨间谈话、离园		收集活动
单个 锡器博物馆（1）	社会、语言、艺术	观察锡器博物馆里有什么，了解锡器，愿意和同伴分享自己喜欢的锡器	大班下	小组活动	科学区、美工区、美术专室	晨间谈话	远足、游学	调查活动、收集活动
单个 锡纸作用大（1）	科学、艺术	根据锡纸材料的特性和物体的结构特点，推测和证实它的作用	大班下	集体活动	科学区、生活区、美工区、美术专室	晨间谈话		调查活动、收集活动
单个 手绘古镇（1）	艺术、社会	用绘画方式表现自己观察到的古镇事物	大班上	小组活动	美工区、建构区	晨间谈话	远足、游学	社会实践

注：括号内数字表示活动个数。

课程计划

鉴于实际情况，黎里幼儿园设置了蓝本课程。在使用时每个年龄组都会对蓝本课程计划安排进行审议，初期会审议一学期的课程总体计划，每个主题实施前、中、后也会进行审议，及时规划、调整和反思主题课程计划。当发现蓝本课程中存在不适合当时、当地幼儿的生活及发展的主题或活动时，教师会对蓝本课程计划做调整，将古镇资源利用和开发的课程，替换或补充相关的主题及活动，使蓝本课程更适合幼儿。

 优化蓝本课程主题

即在课程审议时保留蓝本课程计划中的主题，去除其中不适合本地区、本园、本班幼儿的活动，加入该主题相关的古镇资源引发的单个活动或系列活动，以使蓝本课程主题得到优化，更适合本园幼儿。比如大班的"中国娃"主题和中班的"中秋月儿圆"主题，一些地域气息特别明显的活动就适合用作本土资源开发的活动。

 替换蓝本课程主题

通过课程审议将蓝本课程计划中不适合本地区、本园、本班幼儿的主题整体删除，用古镇资源引发的主题或系列活动来替换，纳入课程计划，并保证整个课程计划不超载，使课程更适合本园幼儿。

黎里幼儿园在古镇建筑资源方面开发了1个主题、5个系列活动，在民俗文化方面开发了3个主题、2个系列活动、6个单个活动，蓝本课程和园本课程有效整合，让幼儿获得更适宜的发展。

我家在镇上

学期课程计划

表3 学期课程计划一览表1

年度 2020—2021　　　学期 第二学期　　　年龄班 中班　　　填表人 陆倩旎

序号	主题名称	主题目标（价值分析）	主题持续时间	主要资源列举			主题来源
				自然	社会	文化	
1	我是中班小朋友	1. 知道自己升中班了,有做中班小朋友的光荣感和自豪感,愿意接纳、关心新同伴。 2. 参与制定班级公约并自觉遵守。 3. 在集体面前大方清楚地表达自己的想法并能安静倾听别人说话。 4. 能点出10以内实物数量并说出总数;会用不同的方法对7以内的多种实物进行大小或长短排序。 5. 能用自然的声音演唱,喜欢参与韵律活动,并能随音乐合拍地做动作。 6. 学习徒手操,按口令手脚同时做动作并基本到位。 7. 能愉快安静地自主用餐,有序地穿脱、整理衣服。 8. 能对自己选择的包干区有初步的责任意识,并做到每天认真打扫,乐意为集体服务	2周	园内自然环境、班级自然角	黎里公园*、揽桥荡公园*、黎里菜场*	交友、礼仪	购买的蓝本课程
2	中秋月儿圆	1. 知道中秋节是中国的传统节日,了解10月1日是国庆节,知道重阳节是老人的节日,在活动中感受节日的快乐气氛。 2. 能尝试参与节庆活动中班级环境的创设与调整,能迅速收拾整理好玩具等物品。 3. 在宽20厘米、高25~30厘米的平衡木上连续走。 4. 用多种形式表现对节日的感受,会用多种方法做装饰物,装饰活动室和建筑物等。 5. 认识半圆是圆形的一半,进行简单的间隔排列。 6. 初步掌握领唱、齐唱的演唱形式,唱出优美的旋律	2周	月亮	中秋显宝*	中秋习俗*、中秋显宝*、国庆节	购买的蓝本课程

续表

序号	主题名称	主题目标（价值分析）	主题持续时间	主要资源列举			主题来源
				自然	社会	文化	
3	家乡的美食*	1. 认识并品尝家乡黎里常见的各种特产小吃。 2. 了解制作特产小吃的原材料，学习种植及秋收。 3. 尝试制作部分特产小吃。 4. 收集并讲述或歌唱关于家乡美食的故事、童谣、歌曲。 5. 为家乡美食设计宣传广告，增强对家乡的自豪感。 6. 通过对古镇居民、游客的调查、统计，为大家喜欢的小吃制作排行榜，为来自不同地方的游客制作客源地图	2周	种植地、农作物、水稻、油菜、蚕豆、赤豆等	古镇特产*	油墩*、辣脚*、老虎豆等*	自主开发的园本课程
4	美丽的秋天	1. 有观察的兴趣，初步感受秋天的美，会用优美的词语描述秋天的花、草、树木等自然景色。 2. 会用多种自然材料表现秋季的特征，大胆进行创造性的造型活动。 3. 对种植活动感兴趣，学习简单的种植方法，能正确使用劳动工具，喜欢和同伴分享劳动经验。 4. 学习说唱风格的歌曲，按音乐节奏协调地做动作，初步学会指挥齐奏和轮流演奏。 5. 认识数字6和7，理解它们表示的含义	4周	花草树木、沙水土石、气候	园外设备设施、人力、秋收劳动*、农耕果园*	剪纸*、糖画*、竹编*	购买的蓝本课程
5	神奇的动物王国	1. 知道常见动物的名称，丰富对动物的认知，产生了解和探索动物的兴趣。 2. 运用身体动作、绘画、手工等多种形式表现动物的特征。 3. 喜爱小动物，乐意参与动物饲养活动；知道动物是人类的朋友，萌发爱护动物的情感。 4. 初步了解自然界中人与动物、动物与动物、动物与植物间相互依存的关系。 5. 学做器械操，学习拿放器械的常规。 6. 能够通过目测比较粗细和宽窄，能记录7以内两个序列的排序；学习5以内的序数。 7. 愉快地感受音乐，并继续学习用动作表现音乐的变化，共同体验音乐游戏带来的快乐	3周	饲养角、揽桥荡公园*、湿地公园*、黎里公园*	家长资源、动物园、弄堂资源*、古镇民居*、古宅资源*、市河*		购买的蓝本课程

续表

序号	主题名称	主题目标（价值分析）	主题持续时间	主要资源列举			主题来源
				自然	社会	文化	
6	冬爷爷的礼物	1. 能从周围环境的变化中，感知和发现冬天的季节特征，体验冬季对动植物和人的影响。 2. 喜欢冬天，不怕冷，积极地参加各种体育活动，能动作协调、灵敏地跑和跳。 3. 知道冬天天气寒冷，学会保护自己的皮肤，懂得一些御寒保暖的方法。 4. 以积极愉快的情绪投入各种新年活动，体验新年给人们带来的欢乐。 5. 能根据音乐节奏的变化，给熟悉的歌曲创编歌词来表达自己的心情。 6. 继续学习用多种美术材料创造性地表现冬天自然景色的特征	6 周	池塘、冰、雪、雨、小树林、太阳、种植地	家长资源、环卫工人、交警、古镇人们的劳作*	新年年俗*、显宝送福*、腊八习俗*、关于冬天的绘本故事	购买的蓝本课程

注：带 * 者是利用本书所谈资源开发的活动。

表4　学期课程计划一览表2

年度 2020—2021　　　学期 第二学期　　　年龄班 大班　　　填表人 陆倩旎

序号	主题名称	主题目标（价值分析）	主题持续时间	主要资源列举			主题来源
				自然	社会	文化	
1	有趣的图画书	1. 知道自己快要上小学了，养成良好的学习习惯和生活习惯，懂得珍惜时间，有一定的时间观念和任务意识，学习自律和尊重他人。 2. 喜爱阅读图书，有较强的求知欲和良好的阅读习惯，懂得爱惜图书。 3. 能围绕寒假生活和元宵节等内容，与同伴或成人用较连贯的语言积极、主动地进行交流，乐意表达自己真实的情感。 4. 愿意接受有难度的任务，遇到困难和挫折时不气馁，敢于不断尝试。 5. 初步了解身体的主要器官及其功能，学习简单的保护方法	2 周	桑树、枇杷树、樱桃树、朴树、各种花资源	小学、梨花映春书店*、大同文具店*、小小商店*	元宵节民俗*、妇女节、学雷锋日、入学相关绘本	购买的蓝本课程

续表

序号	主题名称	主题目标（价值分析）	主题持续时间	主要资源列举			主题来源
				自然	社会	文化	
2	小问号	1. 对周围的事物有探索的兴趣，会用语言、绘画等方法多方面、多角度思考问题。 2. 能尝试用多种方式寻求问题的答案，如查阅资料、做小实验等。讨论、体验周围的现代科学技术及其在生活中的运用。 3. 尝试自选材料自制打击乐器，体验与教师、同伴合作演奏带来的快乐。 4. 能运用简单工具和多种材料进行制作活动，能发现材料的多种特征和功能。 5. 学习用折剪的方法将平面图形二等分和四等分，练习"8"的不同分解方式及加减运算	3周	幼儿园里的花草树木	明暗弄堂*、廊棚*、旅游公司人力*、农耕劳作工具*	箍桶*、锡器等民间工艺*、植树节、各种科学类图书	购买的蓝本课程
3	我们在春天里	1. 能主动地收集各种关于春天到来的信息，并且敢于用自己的语言在集体面前做阐述。 2. 在社会实践中，体验人与环境相互依存的关系，并且通过这些活动感受大自然的美，培养热爱大自然的情感。 3. 学会用美术作品表现春天，通过艺术表征表达对春天的热爱之情。 4. 在春游中培养幼儿的交往能力。通过活动，尝试解决困难，提高分析问题、解决问题的能力	3周	种植地、自然角、园内外动植物	家长资源、梨树*、揽桥荡公园*、湿地公园*、黎里公园*	植树节、梨花节*	购买的蓝本课程

续表

序号	主题名称	主题目标（价值分析）	主题持续时间	主要资源列举			主题来源
				自然	社会	文化	
4	家乡的桥*	1. 了解黎里老街上各种各样的桥，能在集体面前大胆清楚地介绍自己家乡的桥。 2. 能安静地倾听同伴的谈话，了解黎里古镇上各种桥具有不同的形态和特征。 3. 能够根据"爱心桥"故事情节的发展，利用绘画的形式续编故事，并且在集体面前大胆讲述续编的故事内容。 4. 认识桥的样子和基本结构，知道桥的作用。 5. 听故事了解桥的历史，对比古代桥和现代桥的区别。 6. 大胆想象，利用生活中的废旧物品进行实验、设计、建造桥，在搭建游戏中进一步感知桥的结构，感受古代劳动人民的智慧和现代科技的伟大。 7. 喜欢桥的故事，愿意对桥开展探究活动，能利用多种材料创造性地表现各种桥	4周	花草树木、古镇的河流湖泊	古镇石桥*、缆船石*、老房子*、河埠头*、黎里太浦河大桥、家长资源	桥的故事、桥的图书、游客服务中心等	自主开发的园本课程
5	地球小卫士	1. 善于观察、了解、感知不同环境给人们带来的不同感受。 2. 初步了解环境状况与人们的关系，知道一些环境污染的原因。 3. 关注周围环境，树立保护环境的意识，乐于用自己的行为积极保护周围环境。 4. 能积极利用各种废旧材料进行合理创造，有变废为宝的意识。 5. 用轻快、亲切的歌声表达生命与环境的密切联系，体验同一首音乐由于演奏方法的不同所表现的不同情感。 6. 会看图列算式，初步掌握应用题的句式结构	2周	区域环境资源	黎里公园*、揽桥荡公园*、垃圾桶、菜场、超市、方言*、老街*	家长资源、网络儿歌	购买的蓝本课程

续表

序号	主题名称	主题目标（价值分析）	主题持续时间	主要资源列举			主题来源
				自然	社会	文化	
6	快乐的毕业时光	1. 积极回忆在幼儿园的成长过程，体验成长的快乐，珍惜在幼儿园三年的时光。 2. 能围绕话题进行谈话，会用完整、连贯的语言清楚地表达自己的想法。 3. 感知幼儿园工作人员对自己的关心和爱护，尊重帮助自己快乐成长的人，愿意为幼儿园做力所能及的事，能表达自己对幼儿园的喜爱之情。 4. 用各种演唱形式表现歌曲的结构，用美好的歌声抒发对幼儿园与教师深厚的感情。 5. 了解小学少先队的活动，增强升入小学的愿望。 6. 结合周边资源，通过实践活动感知立体图形在空间中的存在形式，正确点数立方体	4周	梨树*、朴树*、移栽毕业树	小学、书包、家长资源、文具店资源、大同文具店*、柳亚子故居*、古镇店铺*	毕业表演、毕业照、三年的照片、视频资源包、关于上小学的图书	购买的蓝本课程

注：带 * 者是利用本书所谈资源开发的活动。

主题活动计划

表5　主题活动一览表1

年度 2021—2022　　　学期 第二学期　　　执行日期 3月21日—4月10日　　　年龄班 小班　　　填表人 陆倩旎

主题名称	活动名称	来源	主要资源
美丽的春天（3周）	古镇梨花文化节*	自主开发的园本课程	古镇的"梨花节"资源
	赏梨花*	自主开发的园本课程	古镇的梨花、幼儿园里的梨花、看梨花的人
	梨花颂*	自主开发的园本课程	梨树、网络资源《梨花颂》儿歌
	春天的照片*	自主开发的园本课程	春天的花草树木美景
	幼儿园里的花*	自主开发的园本课程	幼儿园里春天的花
	春日涂鸦*	自主开发的园本课程	百果园
	桃树下的小白兔	购买的蓝本课程	桃树、绘本
	梨花又开放*	自主开发的园本课程	梨树、网络音频资源
	梨花书签*	自主开发的园本课程	梨树
	花儿朵朵*	自主开发的园本课程	春天的花
	数数有多少	购买的蓝本课程	幼儿园的树
	采桑叶	购买的蓝本课程	桑树
	蚕宝宝*	自主开发的园本课程	桑叶
	好饿的毛毛虫	购买的蓝本课程	绘本
	蝴蝶找花	购买的蓝本课程	油菜花
	小蜗牛出来了	购买的蓝本课程	小蜗牛
	快乐的种植	购买的蓝本课程	幼儿园种植地、班级自然角
	一粒种子	购买的蓝本课程	绘本、种植地资源
	彩色的雨滴	购买的蓝本课程	雨
	春日作品展*	自主开发的园本课程	春天的花草树木景色

注：带＊者是利用本书所谈资源开发的活动。

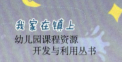

表6 主题活动一览表2

年度 2021—2022   学期 第二学期   执行日期 10月18日—10月31日   年龄班 中班   填表人 史燕青

主题名称	活动名称	来源	主要资源
家乡的美食*（2周）	长长的队伍	自主开发的园本课程	冯记油墩
	做油墩的人	自主开发的园本课程	油墩店里做油墩的人
	米粉哪里来	自主开发的园本课程	种植地、水稻
	收稻啦	自主开发的园本课程	种植地
	粒粒皆辛苦	自主开发的园本课程	种地的人、丰收的农作物
	小赤豆欢乐多	自主开发的园本课程	种植地
	镇上的辣脚店	自主开发的园本课程	黎里辣脚
	辣脚旅行记	自主开发的园本课程	王记辣脚
	不同的味道	自主开发的园本课程	黎里辣脚
	辣椒乐	自主开发的园本课程	种植地
	种大蒜	自主开发的园本课程	种植地、自然角
	傻小熊种萝卜	自主开发的园本课程	绘本《傻小熊种萝卜》
	萝卜回来了	自主开发的园本课程	种植地
	萝卜大餐	自主开发的园本课程	种植地、萝卜丝饼
	包馄饨	自主开发的园本课程	多肉馄饨
	生面店	自主开发的园本课程	幼儿园附近的生面店
	馄饨的各种吃法	自主开发的园本课程	多肉馄饨

注：带*者是利用本书所谈资源开发的活动。

我家在镇上

表7　主题活动一览表3

年度 2021—2022　　学期 第二学期　　执行日期 9月27日—10月17日　　年龄班 大班　　填表人 凌艳

主题名称	活动名称	来源	主要资源
中国娃 （3周）	中秋节，团圆节*	自主开发的园本课程	古镇中秋节文化资源
	做月饼*	自主开发的园本课程	古镇中秋节文化资源
	龙的传说*	自主开发的园本课程	龙的传说故事
	广场上的舞龙队*	自主开发的园本课程	黎里古镇舞龙队
	我做的龙*	自主开发的园本课程	废旧物品资源、网络资源
	舞龙啦*	自主开发的园本课程	古镇节日资源、舞龙文化资源
	大中国	购买的蓝本课程	网络音频资源
	京剧	购买的蓝本课程	京剧文化资源
	戏说脸谱	购买的蓝本课程	京剧文化资源
	我的祖国	购买的蓝本课程	中国名胜古迹网络图片资源
	国旗红红的哩	购买的蓝本课程	网络音乐、图片资源
	我们的祖国真美丽	购买的蓝本课程	诗歌
	各地娃娃到北京	购买的蓝本课程	网络资源、操作材料、中国地图
	古代的发明	购买的蓝本课程	网络资源"四大发明"、古代发明的图书
	大同文具店*	自主开发的园本课程	大同文具店
	有用的筷子*	自主开发的园本课程	树资源、网络资源
	家乡的名人*	自主开发的园本课程	古镇名人资料、家长资源
	柳亚子故居*	自主开发的园本课程	柳亚子故居
	重阳节*	自主开发的园本课程	古镇重阳节文化资源
	祖国大家庭	购买的蓝本课程	各民族图片、视频资源
	来了几个好朋友	购买的蓝本课程	网络资源
	各民族服饰	购买的蓝本课程	少数民族图片、视频资源
	小格桑	购买的蓝本课程	网络音频、视频资源

注：带 * 者是利用本书所谈资源开发的活动。

表8　主题活动一览表4

年度 2021—2022　　学期 第二学期　　执行日期 4月11日—4月24日　　年龄班 大班　　填表人 史燕青

主题名称	活动名称	来源	主要资源
家乡的桥* （2周）	桥的故事	自主开发的园本课程	青龙桥
	听老爷爷讲故事	自主开发的园本课程	道南桥
	古镇上的桥	自主开发的园本课程	道南桥（拱桥）、进登桥（梁式）、迎祥桥（梁式）
	桥的地图	自主开发的园本课程	古镇资源地图
	画桥	自主开发的园本课程	道南桥（拱桥）、进登桥（梁式）、迎祥桥（梁式）
	会唱歌的桥	自主开发的园本课程	秋禊桥
	禊湖秋月	自主开发的园本课程	黎川八景资源
	建构桥	自主开发的园本课程	道南桥（拱桥）、进登桥（梁式）
	黎园小小建筑师	自主开发的园本课程	百果园
	神奇的桥	自主开发的园本课程	道南桥（拱桥）、进登桥（梁式）、迎祥桥（梁式）、揽胜桥、黎里太浦河大桥
	黎川赶集	自主开发的园本课程	古镇老街
	外婆桥	自主开发的园本课程	古镇童谣
	世界各地的桥	自主开发的园本课程	网络图片、音频

注：带*者是利用本书所谈资源开发的活动。

方案设计

主题活动方案

⭐ 美丽的春天（小班）

一、生活环节渗透 赏梨花

活动缘起

春天来了，小朋友们最喜欢去梨花园，那里到处有蜜蜂、蝴蝶飞来飞去，还有几株梨树正开满白色的梨花，那个角落是小朋友们亲密接触梨花的乐园，最能引起他们对梨花的兴趣。通过赏梨花活动，小朋友们感受梨花之美，同时在与大自然的接触中，感受人与自然和谐相处的重要性，引导小朋友们用眼睛去观察和发现美，用心灵去感受美，用自己的方式去表现和创造美。

活动准备

经验准备：幼儿去过幼儿园的梨花园，观察过梨树。

物质准备：照相机、放大镜等观察记录材料。

活动内容和方式

在散步环节，教师引导小朋友们欣赏、观察梨花园里的梨花，使他们能够认识梨花，知道它的形态特征。

活动中的巡回指导

1. 带领小朋友们去梨花园观察梨花。
2. 引导小朋友们认识梨花，数一数梨花有几瓣花瓣。

3. 启发幼儿猜猜梨花以后会有什么变化,做到爱护梨花不采摘。

4. 指导小朋友们和梨花合个影。

注意事项

1. 对梨花园进行安全排查,便于小朋友们分组活动。

2. 若梨花花瓣掉落在地上,教师引导幼儿进行捡拾和收藏,并带回教室开展创意制作。

活动延伸

根据自己的观察,画一画印象中最美的梨花。

活动附件

(吴海英 仲丽萍)

二、收集活动　春天的照片

活动缘起

"一下雨,梨花的花瓣都飘落下来!"小朋友们看着梨花都飘落到地上去了,有点伤心。怎样把这些美丽的梨花留下来呢?小朋友们想到了用拍照的方式留住美丽盛开的梨花。"用拍照的方式,除了留住梨花,还可以留住什么呢?""留住树!""留住小池塘!""留住蝴蝶花!"小朋友们开心地说:"我们要把春天留在照片里!"

活动准备

经验准备:组织小朋友们开展古镇春游活动,感受黎里古镇的春天景色。小朋友们会使用照相机、手机进行拍照。

物质准备:相机、手机、绘画纸、笔等拍摄和绘画工具。

收集对象和内容

1. 收集黎里古镇桥边、河边等地方的春天景色。

2. 收集春天古镇上人们的活动,感受古镇春天的美,愿意在活动中一起用拍照、绘画的方式把古镇的春天留下来。

收集前谈话

1. 你想去古镇哪个地方找春天?你打算和谁一起去古镇找春天?

2. 黎里古镇的春天是什么样的呢?有哪些景色呢?

3. 你计划用什么办法留住找到的春天?

收集后汇总、展示、交流和讨论

1. 你想用什么方法留住古镇上哪个地方的春天?

2. 你准备怎样展现关于春天的照片和图画?

3. 大家希望用什么方式进行"我最喜欢的古镇春天"照片评选?

本次活动中,小朋友们通过参观、寻找、讨论古镇的春天,用照片、绘画等方式进行记录,并让全园小朋友参与到活动中来,感受古镇春天的美。

活动延伸

照片展:开展"我最喜欢的古镇春天"照片评选活动,一起感受古镇的春天。

活动附件

(吴海英　钱玲瑛)

三、调查活动　幼儿园里的花

活动缘起

"老师,种植园地的花开了!"小朋友们散步时惊奇地发现。"嗯,春天到了,幼儿园里有好多花都开了。""那朵紫色的花叫什么名字?""我知道,它叫紫色花!"玥玥很肯定地说。"我知道,它叫蝴蝶花!"奇奇点点头说。"我知道,它叫太阳花!"萱萱自信地说。"到底叫什么名字呢?"

一场关于花的讨论开始了……

活动准备

经验准备：在幼儿园里寻找春天的花。

物质准备：设计《春天的花》调查表。

调查对象和内容

幼儿向园艺工人、教师询问幼儿园里的每一种花分别叫什么，有什么作用。

调查前谈话

1. 在幼儿园里，你们看到哪里的花开了？你们认识这些花吗？不认识的话怎么识记？认识以后如何记录下来？

2. 请园艺工人介绍一下幼儿园里的花。

3. 除了问园艺工人，我们还可以问谁？

4. 怎样记录、制作《春天的花》调查表？

调查后汇总和讨论

1. 汇总幼儿园里有哪些花，填入表格中（图文形式）。

2. 介绍调查表，说一说自己喜欢什么花。它是什么样子的？有什么特征？为什么喜欢？

幼儿园内有丰富的花草树木资源，经过本次调查活动，小朋友们了解到园内更多花的名字和特征，可以一起收集关于花的图片和书本，感受到大自然的神奇，逐步亲近和喜欢自然。

活动附件

（施文婷　梅冰艳）

四、区域活动　春日涂鸦

经验联结

幼儿园有一面户外涂鸦墙，每个班级也有一块室内涂鸦墙，小朋友们很乐意用不同的材料进行涂鸦。小朋友们在散步时看到桃花开满树枝，就想到要用颜料、蜡笔、绳子、布等多种材料进行涂鸦，要把春天的桃花留在画里，还要把幼儿园的春天留在小朋友们的心里。

活动目标

1. 喜欢参加涂涂画画的活动并乐在其中。
2. 能选择自己喜欢的绘画工具，大胆地用色彩进行表现。

活动准备

经验准备：观察过树上的桃花，对桃花的颜色形态有一定的了解。

物质准备：棉签棒、颜料、颜料盘、湿抹布、布、纸。

活动内容

小朋友们在教师的帮助下，大胆使用颜料、棉签、拓印工具、画笔等不同材料，在画纸上表征他们眼中的桃花。

活动要求

1. 涂鸦时愿意使用多种工具表现桃花。

2. 感受使用颜料的乐趣。

活动中的巡回指导

指导小朋友们在涂鸦时注意观察花瓣的形状、颜色等外形特点，同时能蘸取颜料进行涂鸦。

活动延伸

尝试在区域游戏中使用不同材料创作出更多不一样材质的桃花。

活动附件

（沈莉 唐莉）

五、集体活动 梨花又开放

活动目标

1. 初步感受音乐的旋律，让小朋友们在玩中感受音乐的美。
2. 鼓励小朋友们用肢体语言来表现音乐。

活动准备

经验准备：探究过梨花，有音乐欣赏的经验。

物质准备：音乐，布置梨花场景（园内梨花树旁），自制蝴蝶、梨花等道具。

活动过程

1. 导入活动，初步感知音乐。

（1）带领小朋友们到梨花园。

（2）播放音乐，在梨花园里选地方坐下，等待音乐会的开始。

2. 欣赏音乐，感受音乐的美。

（1）带领小朋友们感受音乐，说一说心里的感受。

（2）尝试用身体动作来表现音乐，用动作把自己变成一朵梨花。

（3）再次欣赏，说说歌曲里唱了什么，二次表演。

（4）分小组表演，其他小朋友欣赏表演活动。

3. 自选道具，表现乐曲。

（1）个别小朋友扮演梨花和小蝴蝶，自由表现歌曲。

（2）全体小朋友选择道具，一起随着音乐跳舞。

活动延伸

1. 将音乐和道具材料投放在班级区域中，供小朋友们在游戏时自由歌舞表演。
2. 在梨花园举办梨花音乐演奏会，进行舞台布置，提供乐器、乐谱，感受在梨花下表演的快乐。
3. 利用废旧纸盒、布制作梨花音乐演奏会的挂饰、标记。

活动反思

梨花、梨树是古镇文化的一部分，在资源开发中本园有意识地在园内种植梨树，它们逐渐成为幼儿园重要的自然资源。本活动由小朋友们在离园时经常播放的《梨花又开放》的音乐引发，离园乐曲与园内梨花园的景色融为一体，激发了小朋友们的兴趣。《指南》中指出："要创造机会和条件，支持幼儿自发的艺术表现和创造。"园内的梨花成为幼儿活动的一部分，他们通过即兴的律动和简单的动作来进行表演，表现自己的快乐情绪，同时激发了对梨花、梨树的喜爱之情，能够更加关注园内梨树的生长变化。

活动附件

（沈 莉　顾春凤）

六、区域活动 制作梨花书签

经验联结

梨花园里梨花落满地，教师带着小朋友们去拾梨花。捡来的梨花可以用来做什么？教师把梨花投放在自选材料区和美工区，以梨花为资源，引导幼儿进行书签的创意手工，并展示书签，运用到阅读活动中。

活动目标

1. 利用捡拾的梨花花瓣，进行书签的制作。
2. 学会看制作流程，能根据流程尝试制作。

活动准备

经验准备：见过书签，知道书签的样子和作用。

物质准备：梨花、彩色卡纸、安全剪刀、儿童安全胶水。

活动内容

幼儿在教师的引导下，熟悉书签的制作流程，将梨花花瓣在彩色卡纸上自由拼贴，制作成梨花书签并展示和利用。

活动要求

1. 用自然落下的梨花花瓣进行拼贴，不可随意采摘梨花。
2. 制作梨花书签时，可以用画、撕、剪、贴等多种方式表现。

指导要点

1. 指导小朋友们在进行拼贴时学习看流程图，关注有困难的幼儿。
2. 引导小朋友们用自己喜欢的图案、线条大胆进行创作。

活动延伸

利用小朋友们收集的其他花瓣、叶子等材料进行创意手工。

（张宇恒　顾秋琴）

主题回顾与反思

"美丽的春天"主题是小班下学期蓝本课程中的主题，同时，幼儿园利用古镇资源，由"古镇梨花文化节"生发了园内"梨花节"系列活动。在主题活动中幼儿对园内外资源的直接感知、动手操作、亲身体验更有利于经验的生长，对主题目标的达成度更高。而带着黎里文化色彩的梨树、梨花在幼儿心中将不再仅仅是植物，更代表着家乡，以后他们无论走到哪里看到梨树、梨花都会念起家乡，产生亲切感、归属感。

⭐ 家乡的美食（中班）

一、调查活动　长长的队伍

活动缘起

"黎里老街上这家店门口为什么总有长长的队伍呢？""我知道！那是做油墩的店。""是冯记油墩。""我也去买过。""油墩是什么样子的呢？"教师在带小朋友们逛古镇老街时看到这家店门口总是排着长长的队伍，他们展开了讨论，教师生成了一次调查活动。

活动准备

经验准备：小朋友们参与过调查活动，有调查的经验。

物质准备：调查汇总表和排着长长队伍的照片。

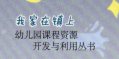

调查对象和内容

长长的队伍中正在排队的人。通过调查知道人们排队买什么、为什么喜欢买油墩、买油墩的人来自哪里。

调查前谈话

1. 今天这家店门前又排着长长的队伍,他们在排队做什么呢?你想去调查一下吗?
2. 你想问哪些问题?调查提问时要注意什么?
3. 问题建议:你好,你为什么排队?为什么要买油墩?你是哪里人?你买了油墩给谁吃?

调查后汇总和讨论

1. 在这条长长的队伍里,你调查到了什么?
2. 为什么这家油墩店如此受欢迎,有这么多人来排队买油墩吃呢?

小结: 人们排队买油墩(油墩是黎里古镇的特产之一),很多人都不是黎里本地人,是来自全国各地的游客,有的来自……有的来自……。这家店叫"冯记油墩",因为做得好吃,所以很有名气,不仅黎里人爱吃,各地游客也慕名而来,黎里人真是了不起!

活动附件

《长长的队伍》调查表

(史燕青)

二、参观活动 做油墩的人

活动缘起
小朋友们在平时聊天时经常会说起黎里古镇的特产,其中小朋友们爱吃的美食之一就是油墩。因此,他们也经常会讨论老街上好吃的油墩都是什么人做出来的,是怎么做出来的,就这样,一次参观黎里冯记油墩店的活动开始了。

活动准备
经验准备:对冯记油墩店有一定了解,知道冯记油墩店的位置。

物质准备:相机、手机等随身记录工具。

参观对象和内容
本次活动内容是参观黎里冯记油墩店,通过参观,小朋友们初步了解油墩是怎么做出来的,做油墩需要什么材料,以及每个工作人员是如何分工负责的。让小朋友们能体会到美味的来之不易,以及劳动人民的勤劳和带给大家的快乐。

参观前谈话
1. 到油墩店参观时要注意什么?

2. 参观可以采用什么方式?需要用到什么工具?

3. 可以参观什么?采访什么人?你想提什么问题?

参观后汇总和讨论
1. 冯记油墩店里的工作人员分别负责什么工作内容?使用到了什么工具?

2. 油墩有几种口味?制作需要哪些步骤?

3. 你觉得做油墩的人辛苦吗?他快乐吗?为什么?

油墩店里的工作人员是分工负责的,有的负责和面,有的负责准备馅料,有的负责炸油墩,有

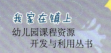

的负责收银包装。他们做的油墩主要有肉馅的、豆沙馅的。油墩是黎里的特产,传说黎里油墩是专为乾隆皇帝而制作的,由乾隆皇帝命名。具体方法是:先选用糯米粉,加适量清水,然后揉捏,揉得粉质韧而不散,接着包了肉馅或豆沙馅在平底油锅里用菜籽油慢慢氽出来。做油墩的工作人员天不亮就要起来准备食材,在店里一做一整天,真是辛苦!但是看到很多人喜欢吃他们做的油墩,夸他们聪明、能干,店里生意也越来越好,他们觉得很快乐。

活动延伸

美食坊尝试制作小油墩。

活动附件

做油墩大调查

做油墩需要什么食材	做油墩需要什么工具

(沈方勤　徐青芳)

三、集体活动　米粉从哪里来

活动目标

1. 通过感知和操作,了解米粉的特性、由来和制作过程。

2.知道米粉可以做成各种食物,了解家乡用米粉做的美食。

3.体会农民伯伯的辛苦。

活动准备

经验准备:稻谷的生长过程及机器将稻谷脱壳成大米的视频、图片,观看稻谷发芽实验。

物质准备:稻穗、大米(颗粒)、米粉、擀面杖、石块、石磨。

活动过程

1.观察米粉,感知米粉的特性。

细细的米粉是用什么变成的呢?

2.操作石磨,体验大米变成米粉的过程。

大米磨碎了就变成了米粉(使用石磨时一位小朋友磨,一位小朋友放大米并扶住石磨,注意安全)。

3.幼儿操作剥稻谷,感受稻谷脱壳后变成大米的过程。

给幼儿观看机器将稻谷脱壳变成大米的视频。

4.小结:稻谷脱壳后成为大米,大米可以被磨成米粉。

5.幼儿说一说,自由体验用石磨将大米磨成米粉。

活动延伸

1.调查米粉制品。

2.用米粉做美食。

活动反思

在前期探索油墩制作的时候,小朋友们对制作材料产生了兴趣。江南水乡黎里地势平坦,土地肥沃,雨量充沛,气候适宜,自古便是"鱼米之乡",稻米和人们关系密切。活动中教师和小朋友

们一起了解了水稻的生长周期、大米的生产过程和米粉的制作流程，小朋友们也提出了各种方法尝试进行实践，对米粉的由来有了更加深入的了解，同时激发了对米粉制作的兴趣。

活动附件

（顾春凤　李艳）

四、劳动活动　收稻啦

活动缘起

通过前期活动，小朋友们知道了米粉从哪里来。而种植地里的稻子成熟了，该收割了，小朋友们可以亲身参与收割稻子，体会农民伯伯劳动的艰辛和粮食的来之不易，并学习辨别稻谷的成熟程度，体验丰收的喜悦。

活动准备
经验准备：了解稻子的收割方法。
物质准备：手套、镰刀、剪刀、套鞋、收稻的视频。

活动内容
小朋友们戴上手套，选择收割工具，尝试收割水稻。回班级后，说说自己在收割过程中的体验和感受。

活动前谈话
1. 分享种植地里稻子成熟的照片、视频，激发收割稻子的意愿。
2. 讨论：怎么样割稻子？需要哪些工具？（观看视频）
3. 收稻子时怎样正确使用镰刀？

活动中的巡回指导
指导小朋友们正确使用镰刀、注意割稻的部位，以及从哪里割，割完后如何堆放。

注意事项：戴好手套，注意安全使用工具。一手握住水稻，一手用镰刀割水稻，在用镰刀时注意安全，不要割在手上。

活动后交流和讨论
1. 说说收稻的劳动体验，劳动中遇到了什么问题？你们是怎样解决的？
2. 讨论：粮食来之不易，自己平时应该怎样珍惜？

活动延伸
1. 舞蹈：庆丰收。小朋友们手拉手，围着收到的稻穗拍手、跳舞。感受丰收带来的喜悦和劳动带来的快乐！
2. 收完谷子的稻草可作为材料再次利用，如用于扎稻草人、制作稻草垫子等。

活动附件

（顾春凤　陈英）

五、集体活动　粒粒皆辛苦

活动目标

1. 了解粮食的生长过程，知道粮食来之不易。

2. 知道浪费粮食是不对的，学习珍惜粮食。

3. 萌发对劳动人民的热爱之情，懂得珍惜他人的劳动成果。

活动准备

经验准备：观察、参加过种植地种植，了解米饭从哪里来。

物质准备：大米、小麦等粮食，爷爷奶奶家里种菜的照片和视频，水稻生长的照片和视频。

活动过程

1. 观看午餐的剩饭视频,知道挑食剩饭是不正确的。
2. 向其他小朋友介绍粮食的来历,观看图片了解粮食的来之不易。
3. 回顾稻子收割活动,知道劳动的辛苦。
4. 科普:粮食有很多种,如大米、麦子和花生等。
5. 观看图谱判断对错。

活动延伸

1. 开展"小小检查员"活动,小朋友们轮流担任检查员,午餐时及时提醒挑食剩饭的幼儿要珍惜粮食。
2. 进一步理解节约粮食的重要意义,开展"光盘"活动。

活动反思

珍惜粮食不仅是一种习惯,更是一种责任。通过本次活动对小朋友们进行生活教育,了解粮食的用途,知道应该节约粮食,并根据他们的年龄特点开展丰富的活动,比如角色体验,扮演"小农夫"种庄稼,体验劳动的辛苦。

活动附件

(沈 莉 张真仪)

六、集体活动 镇上的辣脚店

活动目标

1. 了解和认识家乡的美食——辣脚,知道辣脚的由来。
2. 愿意做小小美食家,先聊聊辣脚的制作过程。

活动准备

经验准备:活动前小朋友们在家长的带领下去参观采访过古镇的辣脚店,品尝过辣脚。

物质准备:古镇辣脚店的PPT。

活动过程

1. 观察与讨论。

(1)组织小朋友们讨论:黎里古镇上有哪些好吃的美食呢?

(2)分享周末去王记辣脚店参观采访的照片、经验,从形、色、味认识辣脚。

(3)了解古镇"王记辣脚"的由来,讲述美食的历史故事。

2. 了解辣脚店(出示辣脚店的PPT)。

(1)你品尝的辣脚是在哪家店里买的?那家店叫什么名字?

(2)古镇辣脚店在什么地方?从幼儿园去店里会经过什么地方?

(3)店里有什么?它们是怎么摆放的?

(4)哪些人在辣脚店里工作?他们是如何工作的?

3. 画一画古镇辣脚店的路线图与宣传图。

(1)小朋友们尝试设计王记辣脚店的路线地图,方便人们根据地图快速找到这家店。

(2)设计辣脚店的宣传画,让更多的外地游客了解黎里辣脚,喜欢吃黎里辣脚。

4.分享交流设计作品。

小朋友们尝试说一说自己设计的地图和宣传画。

活动延伸

1.图书区:鼓励家长帮助小朋友们从图书中收集黎里其他美食的典故、特色、制作方法等,自制图书《黎里美食》。

2.角色区:使用不同的材料制作《黎里美食》,并投放到游戏区,开展"古镇美食店"游戏。

活动反思

辣脚是黎里的名小吃,小朋友们对它非常熟悉,生活中熟悉的资源与小朋友们之间形成了很好的互动,大大激发了他们的探索兴趣。活动中小朋友们通过看一看、说一说、画一画的方法,了解了黎里辣脚的由来、制作及味道等特性。小朋友们在探索辣脚店的过程中,由家长带领参观了店铺,并且积极说出自己的观察与发现。在设计"古镇辣脚店"的路线图与宣传画时,将古镇资源真正与课程结合在一起,小朋友们在设计中体验到了家乡小主人的自豪感,激发了爱家乡的情感。

活动附件

(沈 莉　张利平)

七、调查活动　辣脚旅行记

活动缘起

认识了辣脚，小朋友们对黎里的辣脚店也有了一定的了解，他们在活动中对古镇上的王记辣脚店充满了好奇："每天都有很多人来买辣脚，这些人都是哪里来的？""这些辣脚都卖去哪里了？"小朋友们小脑袋里的许多为什么，引发了一次调查活动。

活动准备

经验准备：幼儿去过王记辣脚店，收集了一些黎里美食的图片和实物。

物质准备："辣脚旅行记"调查表。

调查对象和内容

购买黎里辣脚的游客来自哪里？他们为什么要排队购买辣脚？他们要把辣脚带去哪里？

调查前谈话

1. 调查：辣脚店门口的顾客都来自哪里？他们为什么喜欢购买这里的辣脚？

2. 讨论：可以采用什么方法进行调查？调查中能够采用什么方式进行记录？（亲子记录、地图记录）

调查后汇总和讨论

1. 通过调查，了解有哪些人来购买辣脚，他们分别来自哪里。

2. 小组讨论统计出辣脚销往哪些地方，并在地图上标记。

3. 集体分享，形成《辣脚旅行图》。

每天都有很多人来买辣脚，有本地人，也有外地人。辣脚因为口味很好，被销往很多地方，受到各地人的喜爱，黎里美食的名声传遍全国。

活动附件

辣脚旅行记

从哪个地方来的？怎么来的？	为什么要买辣脚？	要把辣脚带去哪里？

（张宇恒）

八、区域活动　不同的味道

经验联结

幼儿在认识辣脚的活动中品尝了辣味，发现生活中有很多不同的味道，因此引发了本次活动的主题："不同的味道"。小朋友们在品尝食物的基础上，能分辨酸、甜、苦、辣、咸等不同味道。

活动目标

1. 品尝不同的黎里美食，了解美食的不同味道。
2. 敢于尝试酸、甜、苦、辣等多种味道。

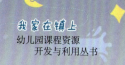

活动准备

经验准备：幼儿有食物品尝的初步经验。

物质准备：柠檬、糖果、辣椒、苦瓜、容器杯、棉签。

活动内容

由黎里美食引发的味蕾体验。小朋友们通过品尝酸、甜、苦、辣等味道的食品，发现不同的美食有不同的味道。继而可以让小朋友们用看一看、闻一闻、尝一尝等方式来感知不同食物的颜色、气味、口味，用照片、绘画表情图等方法记录品尝时的感受。

活动要求

1. 提醒小朋友们闻气味时的正确手法，在品尝的过程中注意手部卫生。
2. 统一按照垃圾分类的要求投放垃圾。

活动中的巡回指导

1. 指导小朋友们闻气味时注意不要把鼻子凑到食物上，应保持一定的距离，用手轻轻扇动，要能一一对应说出所闻的味道。
2. 先品尝味道，然后漱口，再次品尝，正确说出美食的味道。

活动延伸

1. 语言区：提供《这就是中国味道》绘本，了解各地美食。
2. 科学区：提供甜甜的食物、酸酸的食物、苦苦的食物、咸咸的食物、辣辣的食物，由小朋友们进行分类。

活动附件

（史燕青　庄萍）

九、生活环节渗透　萝卜回来了

活动缘起

在品尝完各种各样的萝卜后，小朋友们对萝卜越来越感兴趣。乐乐在阅读区里发现了一本和萝卜有关系的故事书——《萝卜回来了》，故事里的小动物和萝卜之间发生了很多有趣的故事，于是他们决定在午饭前进行分享。

活动准备

经验准备：小朋友们对萝卜的形状和特点有基本的了解，用萝卜制作过各种美食。

物质准备：绘本《萝卜回来了》、投影仪。

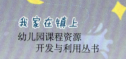

活动内容和方式

在午餐前的生活环节，由教师通过投影向小朋友们讲述绘本故事，在熟悉故事内容的基础上，邀请个别小朋友进行故事表演。

1. 教师出示绘本，引导小朋友们观看。

2. 教师完整讲述故事，小朋友们欣赏。萝卜去了哪里？小动物有没有把萝卜吃掉？它们是怎么做的？

3. 分段欣赏故事，结合图片进一步理解故事内容。

4. 体验故事情感，鼓励小朋友们通过故事表演的形式迁移故事经验。

活动中的巡回指导

1. 教师在讲述故事的过程中可以设置一些问题，激发小朋友们主动思考，鼓励他们积极表达。

2. 教师在故事讲完之后可以引导小朋友们用语言表达的方式理清故事脉络。

活动延伸

鼓励小朋友们讲述绘本故事，也可以在区域活动中以情景表演的方式演绎整个故事。

（吴海英　石戌莉）

十、调查活动　萝卜大餐

活动缘起

一次进餐中，天天小朋友嘟着小嘴一脸不高兴，嘴里喃喃说着："我不要吃这一块一块的萝卜！我要吃一条一条的萝卜丝。"坐在对面的缘缘却说："我喜欢吃萝卜块！萝卜块可好吃了！"两个孩子不经意间的一段对话，引起了老师的关注。萝卜在黎里这个地方有多少种吃法呢？腌萝卜、晒

萝卜干、萝卜丝饼、萝卜丝团子等很多和萝卜有关的美食，小朋友能一一说出来，于是萝卜大餐的活动就开始了。

活动准备

经验准备：小朋友们品尝过萝卜菜肴。

物质准备：调查表。

调查对象和内容

通过调查，了解萝卜做成美食的多种方法。

调查前谈话

1. "你们吃过萝卜吗？你吃过的萝卜是怎样烹饪的？"

2. 萝卜还有许多烹饪方法，通过走进社区、走进饭店、走进食堂进行了解，然后将调查到的方法记录在表格里。

3. 认识调查表内容，师幼研讨，分组完成调查表内容。

调查后汇总和讨论

1. 每组小朋友推荐一个人交流自己组的调查结果。

2. 老师利用多媒体向小朋友们介绍不同地方烹饪萝卜的方法。

鼓励小朋友们积极参与调查，了解萝卜有多种烹饪方法。萝卜可以做成清炒萝卜丝、萝卜烧肉、萝卜炖汤，也可以腌制成萝卜干，还可以制作成许多不同的美食，如萝卜丝饼、萝卜丝团子等，不同地方的人吃法还不一样。

活动附件

萝卜大餐调查表

姓名	你的小组（白萝卜、胡萝卜、青萝卜、紫萝卜、水萝卜）	萝卜可以怎么吃呢？（画一画，写一写）	萝卜又可以怎么吃呢？（画一画，写一写）

（陆倩旎　沈　喆）

主题回顾与反思

"家乡的美食"主题最早是源自中班下"我们居住的地方"蓝本主题中涉及家乡美食的活动，古镇上的特产小吃丰盛，每样都独具特色，能代表江南的饮食文化，对小朋友们来说也是非常贴合生活经验的一个切入点。从常吃的油墩中发现制作材料和工序的趣味性，激发幼儿对食物材料米粉来源的探索；从对辣脚的辣味品尝，生发出小朋友们品尝各种食物味道的活动；又以腌萝卜的风俗延伸到各地的萝卜吃法。小朋友们的经验在课程行进中逐渐丰富。

我家在镇上

中国娃（大班）

一、集体活动　龙的传说

活动目标

1. 通过自读、共读的方式，了解龙的传说故事及龙的由来。
2. 在理解故事内容的基础上，能用自己的语言简单复述故事情节。

活动准备

经验准备：小朋友们对生活中、节日中龙的元素有一定的了解。

物质准备：《龙的传说》绘本 PPT、实体绘本人手一本、歌曲《龙的传人》。

活动过程

1. 欣赏歌曲《龙的传人》，引出故事《龙的传说》。

（1）这首歌曲唱的是什么？有哪些人物？

（2）你认识龙吗？它是什么样子的？

2. 出示绘本，共读前半部分，了解故事内容。

（1）绘本故事里讲述了什么？

（2）人们遇到了什么困难？最后用了什么解决办法？成功了吗？

3. 小朋友们自主阅读书的后半部分，了解故事主要情节。

（1）故事中二郎神是怎么帮助人们的？

（2）龙是几种动物的组合？龙的眼睛是谁画的？人们为什么那么喜欢龙？

4.完整欣赏、幼儿自述。

活动延伸

收集关于龙的故事,投放在阅读区。

活动反思

龙是中华民族的精神图腾。龙的元素也经常会出现在各个传统节日中,比如在春节来临之际人们会举行舞龙活动,小朋友们在舞龙活动中感受着节日的氛围。本活动安排在舞龙活动的间隙,结合民俗资源及绘本《龙的传说》,引导小朋友们通过共读、自读等方式了解龙的来历及传说故事,感受龙的精神,进一步增强民族自豪感。

（凌　艳　张宇恒）

二、参观活动　广场上的舞龙队

活动缘起

通过前期收集关于龙的故事,幼儿对龙产生了浓厚的兴趣。在日常谈话中,天天说他的邻居老爷爷就是舞龙队的队员,舞龙可好看了,其他小朋友很羡慕,也想要看舞龙表演,于是就有了这次参观活动。

活动准备

经验准备:小朋友们知道舞龙是庆祝中国传统节日的方式之一,对舞龙的表演形式有一定的了解。

物质准备:记录表、笔。

我家在镇上

参观对象和内容
参观广场上的舞龙队,欣赏舞龙队的表演,了解舞龙需要多少人和什么材料,舞龙有哪些动作。

参观前谈话
1. 在哪里可以看到舞龙表演?
2. 舞龙表演需要多少人?需要什么道具?
3. 遵守秩序,仔细观察舞龙表演的动作,可以尝试模仿。

参观后汇总和讨论
1. 舞龙队有多少人?舞龙时用到了什么道具?
2. 舞龙队用了怎样的动作来舞龙?你觉得这样的动作怎么样?(威武还是优美)
3. 为什么爷爷、奶奶这几天在广场上练习舞龙?

舞龙队一般有鼓乐队员 2~4 人,舞龙队员 8~10 人,主要用到锣鼓、龙珠、龙道具等。由一个人来操控龙珠,控制龙的行进路线,龙头、龙身、龙尾需要队员们共同舞动。国庆节马上要到了,人们用舞龙的形式来庆祝节日。

活动延伸
户外活动尝试舞龙。

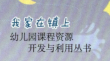

活动附件

（朱 燕　周彐娟）

三、区域活动　我做的龙

经验联结

小朋友们已经观看过舞龙表演，对龙的外形特征、舞龙的道具、舞龙的方式有所了解，感受了传统舞龙文化的魅力，并对龙产生了崇拜之情，也想要自己动手做一做龙。

活动目标

1. 能利用各种道具材料制作龙的身体，表现龙长长的、蜿蜒的形态。
2. 尝试将龙头、龙身、龙尾进行组合装饰。

活动准备

经验准备：小朋友们观看过舞龙表演，了解舞龙道具的外形特点和舞龙的表演方式。

物质准备：彩纸、棍子、剪刀、笔、布条、纸盒等。

活动内容

欣赏舞龙表演的视频，观察各种舞龙道具的图片，了解龙的外形特征，选择适宜的材料，设计自己的龙并完成制作。

活动要求

1. 仔细观察龙的外形特点，能用较连贯的语言进行描述。
2. 整合拼接龙头、龙身时，注意拼接处粘贴的牢固性。
3. 探究材料的组合使用。

活动中的巡回指导

1. 提醒小朋友们在制作龙头时，注意观察龙头的样子。
2. 总结龙头与龙身拼接的办法。

活动延伸

进行舞龙表演、画龙等活动，并延伸了解舞狮文化。

活动附件

（朱燕 张娟）

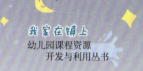

四、区域活动 舞龙啦

经验联结

小朋友们欣赏过舞龙表演，对舞龙活动有一定的了解，在班级区域活动中做了自己设计的龙，于是小朋友们尝试用各种方法开展舞龙活动，体验传统游戏的快乐。

活动目标

1. 尝试探索单人舞龙、多人合作舞龙的方法，提高动作协调性和灵活性。
2. 根据龙珠方向变化创编简单的舞龙动作，激发团队合作意识，体会合作的重要性。
3. 体验传统舞龙游戏的乐趣，感受与同伴合作舞龙的快乐。

活动准备

经验准备：小朋友们欣赏过舞龙表演，对舞龙的方式有一定的了解。

物质准备：单人舞龙道具若干、废旧材料制作的龙四条、红布长龙若干条、龙珠若干、鼓四个、《金蛇狂舞》《欢欢喜喜过新年》等锣鼓演奏的音乐。

活动内容

幼儿在活动前做好充分的准备工作，讨论自己所了解的民间舞龙习俗，选取单人舞龙道具或合作舞龙道具进行分组活动，在锣鼓音乐中进行舞龙游戏。

活动要求

1. 跟着老师做走、跑练习，列队做头部、上肢、下蹲、体侧、体转、腹背专项练习，主要是腿部和上肢的动作，为接下来的舞龙游戏奠定基础。
2. 尝试将单人龙甩起来，并说一说自己是如何让龙舞起来的。每人一条龙进行舞龙游戏。
3. 探索多人合作舞龙，仔细观察老师手上的龙珠，随龙珠位置的高低做出相应的动作，龙珠举

得高，龙头就举得高，后面的龙身、龙尾跟紧；龙珠放低，小朋友们就把龙头、龙身、龙尾放低；龙珠朝左，小朋友们就紧跟着向左舞龙；龙珠向右，小朋友们就紧跟着向右舞龙。

活动中的巡回指导

1. 在探索单人舞龙的方法时，重点指导幼儿手臂举高，绕圈甩龙。
2. 多人合作舞龙时，提醒幼儿举花球动作，提醒龙头、龙身、龙尾紧跟着不能中断。

活动延伸

师幼一起探索用生活中的其他材料进行舞龙的方法，感受生活材料的多样性和体育游戏的趣味性。

活动附件

（凌 艳）

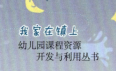

五、参观活动 大同文具店

活动缘起

周末，萱萱去了古镇上一家叫"大同文具"的店，并且拍摄了照片分享到群里。照片里的大同文具店有许多民国时期的文具，吸引住了小朋友们，大家都想去看一看、找一找，将民国时期的文具和现代的文具比一比，发现其中的差异。

活动准备

经验准备：小朋友们有参观活动的经验，对黎里古镇有一定的了解。

物质准备：参观记录表、笔、大同文具店。

参观对象和内容

参观大同文具店，了解大同文具店里有什么，欣赏店内文物，听一听革命历史故事。

参观前谈话

1. 大同文具店在哪里？我们怎么去？

2. 你最想去大同文具店看什么？怎么把你看到的内容记录下来？需要准备什么？参观时注意什么？

参观后汇总和讨论

1. 大同文具店的具体位置在哪里？

2. 大同文具店和普通文具店有没有什么不同？

3. 大同文具店里有一位英雄，他是谁？他有什么英雄事迹？

大同文具店在黎里庙桥西侧上岸的王家弄口，店里有民国时期的各种文具，如毛笔、书、尺、文具盒、笔筒等，这里曾是中共秘密联络点，为中共地下组织提供情报，是古镇上一个很了不起的地方。

活动延伸

1. 探索文具的使用场所，算盘、尺、书可以投放在什么区域里？怎么用？与现代的文具做对比。
2. 找一找古镇上还有哪些很了不起的地方。

活动附件

（张真仪）

六、生活环节渗透　有用的筷子

活动缘起

小朋友们在一次午饭时，谈起我们中国人使用的餐具主要是筷子，而外国人是刀叉。教师在日常观察中，发现部分小朋友手握筷子的姿势还不规范、不熟练，因此，我们利用这次餐前准备的时间，开展本次活动。

活动准备

经验准备：幼儿有使用筷子的经验。

物质准备：筷子。

活动内容和方式

在餐前准备环节听"筷子的故事"，演示握筷子的方法，纠正个别小朋友的错误姿势，指导小朋友们能够熟练地夹菜吃饭。

活动中的巡回指导

1. 出示筷子，请小朋友们观察。

（1）这是什么？它有什么用处？

（2）怎样使用筷子？

2. 午餐环节使用筷子夹菜吃饭。

（1）教师正确示范握筷子夹菜的方法，如有个别小朋友不能很好地掌握使用筷子的方法，对其进行一对一指导。

（2）提醒小朋友们注意使用筷子时的安全，如不把筷子打到别人，不把筷子放在嘴里咬等。

活动延伸

1. 区域游戏"夹夹乐"，帮助小朋友们巩固掌握使用筷子的正确方法，发展小肌肉动作。请小朋友们练习分组用筷子夹弹珠、木珠或泡沫板，看谁在指定时间内夹得又快又好。

2. 在角色区娃娃家或饭店中投放筷子进行游戏。

3. 家园延伸，请家长在家鼓励小朋友们使用筷子。

活动附件

夹夹乐	
物品	一分钟夹到的数量
弹珠	
木珠	
毛线球	
泡沫板	
纸	

班级：_____ 姓名：_____

（朱燕　张娟）

七、集体活动　家乡的名人

活动目标

1. 对自己家乡的名人有初步的认识，知道家乡名人柳亚子。
2. 能看懂宣传册，愿意倾听柳亚子的爱国事迹。
3. 通过各种方法表达对名人的崇敬之情。

活动准备

经验准备：小朋友们收集名人的故事、优秀事迹和图片。

物质准备：关于人物的挂图、宣传册、调查表。

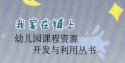

活动过程

1. 教师出示小朋友们收集来的照片、书籍、宣传册。

（1）宣传册里讲了些什么？

（2）你认识柳亚子吗？他有哪些厉害的地方值得我们学习？

2. 制作与分享名人名片。

（1）你想要设计什么样的名片？你为什么要这样设计？

（2）请小朋友们设计柳亚子先生的名片，并与同伴分享。

活动延伸

参观柳亚子故居及家乡的其他名人故居；在美工区鼓励小朋友们制作有个性的名片。

活动反思

活动中小朋友们认识了家乡名人柳亚子，了解了柳亚子的爱国事迹，能大胆表达自己的想法。他们不断思考，边发现问题边解决问题，通过翻阅宣传册、设计名片、参观故居，感受到了家乡优秀的历史文化，激发了对家乡名人的崇敬之情和对家乡的热爱之情。

（凌　艳　苏　瑱）

八、参观活动　柳亚子故居

活动缘起

柳亚子是黎里家喻户晓的爱国诗人，柳亚子故居是黎里幼儿园特有的资源。小朋友们在黎里古镇游玩时总会路过柳亚子故居，听爸爸、妈妈或导游谈起他的故事，有时也会进去参观，留下和故居的合影分享给伙伴。

活动准备

经验准备：和爸爸、妈妈聊一聊柳亚子的事迹，听一些关于柳亚子的故事，找一找柳亚子故居的位置。

物质准备：记录表、建筑照片。

参观对象和内容

参观柳亚子故居，欣赏古建筑之美，了解柳亚子的生活环境和生活故事，激发幼儿爱家乡的情怀及作为黎里人的自豪感。

参观前谈话

1. 你知道柳亚子吗？柳亚子故居在哪里？
2. 你最想知道柳亚子的什么故事？
3. 可以采取什么方式参观记录？需要用到哪些工具？
4. 参观柳亚子故居需要注意些什么？

参观后汇总和讨论

1. 柳亚子故居里有什么？有几排房子？每排有几层？
2. 柳亚子有什么故事？

柳亚子故居位于黎里中心街，前后有六排，每排有两层，里面陈列了三百多件实物照片资料，柳亚子的爱国故事感染了每一位小朋友。

活动延伸

在美工区画一画柳亚子故居；在语言区说一说柳亚子的故事；在建构区搭一搭老房子。

活动附件

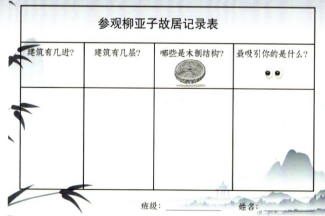

（朱 燕　毕春梅）

主题回顾与反思

"中国娃"的主题中保留了部分蓝本主题的课程内容，绝大多数已经改造，使得活动内容关联古镇资源开发。年级组经过审议，把"舞龙乐"系列活动加入其中，再通过参观、调查古镇上的名人故居等有民族代表性的地方，补充适合本主题、适合幼儿现阶段发展目标的活动，逐渐让"中国娃"的主题丰满起来。小朋友们一方面通过和周边家乡资源的互动，生发出爱家乡的情感；另一方面又在活动中感受到爱国人士的爱国精神，循序渐进地培养家国情怀。

家乡的桥（大班）

一、收集活动　桥的故事

活动缘起

"老师，黎川河上为什么有这么多桥？"萱萱数着古镇游览图上的桥问。"萱萱观察得真仔细，黎里是江南古镇，所以河多桥也多。"萱萱指了指桥，说："这么多桥，我真想去看看。"其他小朋友也纷纷表示想去看一看。关于桥的活动拉开了序幕。

活动准备

经验准备：幼儿逛过家乡的古桥，简单了解了一两座古桥的故事。

物质准备："家乡的古桥"调查表、照片、视频等。

收集对象和内容

收集古镇上各种桥的故事，感受古桥的不同建筑风格及古桥的文化。

收集前谈话

1. 你知道古镇上有哪些桥吗？你最想知道哪座桥的故事？你知道一些关于桥的故事吗？

2. 怎样记住你收集到的桥的故事，并分享给大家，你有什么好办法吗？

收集后汇总、展示和讨论

1. 你画了哪座桥？你拍的是哪座桥？

2. 你收集了哪些桥的故事？

将调查表、绘画、手工和摄影作品陈列在游戏区，布置成"家乡的古桥"环创专栏。开展"桥的故事"分享会，将收集到的桥的故事进行分享，并评选出"故事小明星"。最后，教师帮助小朋友们梳理相关经验，以视频的方式，与幼儿共同欣赏家乡几座有代表性的古桥，介绍其名称、建筑

风格,讲述其独特的故事。

活动延伸

在建构区投入丰富的建构材料,鼓励幼儿用适宜的方式,选择自己喜欢的材料进行搭建,表达自己对家乡古桥的认识和感受。

活动附件

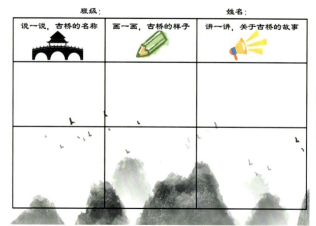

(凌 艳 张 燕)

二、调查活动 古镇上的桥

活动缘起

小朋友们收集到了关于黎里古镇各种各样桥的故事,发现古镇上有好多的桥,它们都在哪里?有什么特别的地方?小朋友们很想去走一走、找一找、看一看。于是,我们开展了以小朋友们附近的桥为主题的调查活动，与他们共同关注桥的演变，帮助他们形成对家乡古桥的具体印象，萌发热爱家乡的情感。

活动准备

经验准备：收集家乡桥的故事，了解自己熟悉的桥的具体位置，具备观察、比较、分析的能力。

物质准备：位置记录表、古镇地图。

调查对象和内容

向在古镇工作的船工爷爷询问了解古镇上的桥，并通过自制绘图表，标记出桥所在的位置。

调查前谈话

1. 在黎里古镇上也有许许多多的桥，你知道有哪些吗？

2. 怎样才能清楚了解桥的位置？可以找谁帮忙？

3. 如何在地图上把桥记录下来？你想用什么方法来标记？

引导幼儿分工合作，可以拍摄桥的照片，认识桥的名字，观察桥的周围有些什么标志性建筑，在地图上寻找对应的位置，并用适宜的方式标注。

调查后汇总和讨论

1. 古镇上大概有几座桥？你熟悉的桥在古镇地图上的什么位置？哪座桥离幼儿园最近？

2. 你喜欢哪座桥？它在哪里？有什么特别的地方？

通过调查，小朋友们认识了黎川河上的黎新桥、进登桥、梯云桥、迎祥桥、青龙桥、道南桥，并把它们标注在了古镇地图上，加深了对家乡古桥的认识。

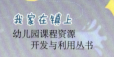

活动附件

古镇上的桥

拍一拍，古桥的照片 📷	标一标，古桥的位置 📍

（王　昊　张宇恒）

三、参观活动　桥的地图

活动缘起

"老师，旅游景区都有旅游地图，游客可以看着地图去游玩。"琪琪认真地和老师分享他的发现。老师赞许地点点头说："是的，我们也走过古桥，是不是可以制作古桥在哪里的地图呀？这样就能让更多小朋友知道桥的位置了。"几个小朋友说："我们也要制作桥的地图。"小朋友们把前期看桥、走桥、画桥的经验，迁移到设计桥的地图上，进一步了解身边的古桥文化，萌发热爱家乡的浓浓情感。

活动准备

经验准备：幼儿对古镇的桥有所了解，有过参观活动的经验。

物质准备：黎里古镇古桥参观表。

参观对象和内容

参观黎里古镇上的桥，欣赏桥的外形、结构，了解古桥的历史及不同结构种类，尝试自己绘制古镇上桥的地图。

参观前谈话

1. 你对哪座黎里古桥最感兴趣？它有什么特点？
2. 你知道为什么在古镇上能够留存那么多的古桥吗？
3. 这些古桥的位置有什么特点？

参观后汇总和讨论

1. 你看到的古桥桥洞是什么样的？它是用什么材料建造的？它在黎川河的什么位置？
2. 有什么办法把我们找到的桥在地图上清楚地标记出来？怎么区分这些桥呢？

通过参观，小朋友们发现古桥的位置有规律可循，都是飞架在黎川河上的。在参观的过程中小朋友们也认识了拱形桥、平桥的不同外形特征，对古镇上的桥有了更深的了解。

活动延伸

经历多年，这些古桥还能被保留下来，那么小朋友们要怎样爱护好这些古桥呢？

1. 发现有不爱护古桥的行为时要主动提醒。
2. 自己也要主动保护古建筑和历史文物。

活动附件

黎里古镇古桥参观表

班级：　　　　　　　姓名：

?	1	2	3	4
你印象深刻的桥有哪些？（请用绘画的方式描绘出）				
按照从东到西的顺序记录一下你经过的桥（描绘一下桥梁上的图案和字、桥边有什么特色的景物？）				

（陆倩旎　徐倩文）

四、参观活动　道南桥

活动缘起

"这座桥有个很大的洞，我很喜欢。"玥玥指着照片大声地说，"你们看，树都长到桥上去了！"灿灿踏了几步说："我以前和妈妈一起走过这座桥，像走楼梯一样的。"迪迪说："这座桥在哪里？我也想去走一走。"老师笑着点点头说："小朋友们对这座桥很感兴趣呀，它叫道南桥，就在老街上，下次我们一起走一走、看一看。"

活动准备

经验准备：收集道南桥的照片、道南桥的故事和名字的由来。

物质准备：去道南桥的旅游路线图、小朋友们游道南桥的记录表、记录笔、放大镜。

参观对象和内容

参观道南桥，了解道南桥在黎里古镇游览图上的位置，小朋友们根据地图寻找道南桥在哪里，通过看、走、摸发现道南桥特别的地方，感受古桥的美。

参观前谈话

1. 你有什么办法找到道南桥？远远看过去道南桥像什么？它有什么作用？这个洞洞叫什么？它有什么作用？你还发现了桥的什么秘密？

2. 道南桥上的台阶是用什么做的？台阶一共有多少级？最高的桥面上有什么？石桥的栏杆摸上去是什么感觉？桥墩摸上去又是什么感觉？

3. 对幼儿进行防溺水安全教育，参观时穿好适宜户外活动的衣服和鞋子。

参观后汇总和讨论

1. 了解道南桥的民间故事，知道桥的位置、桥的外形、桥的材料等。

2. 明白桥的用途。

道南桥位于黎川河南岸的支河口，在迎祥桥西，梯云桥东，是单孔石拱桥。道南桥上还有好看的石雕图案：五福拜寿图、鲤鱼跳龙门，蕴含着美好的寓意。

活动延伸

1. 在建构区组合各种材料搭建桥梁。

2. 在展示区举行道南桥画展。

活动附件

探秘道南桥			
我看到的	我摸到的	我数过的 12345 ……	我还发现

班级：_____ 姓名：_____

（沈 莉）

五、参观活动 会唱歌的桥

活动缘起

假期，茉茉和爸爸、妈妈去禊湖边游玩，于是把一座会唱歌的桥分享给小朋友们。因为秋禊桥踩上去会有"叽咯叽咯"的声音，像在唱歌一样，引发了小朋友们的探究兴趣。因此，小朋友们想一起去走一走，看一看，听一听，感受它的神奇之处。

活动准备

经验准备：幼儿已经知道秋禊桥是黎里古镇上的桥；在成人的帮助下知道秋禊桥的方位（位于黎里镇西北方向）；收集有关秋禊桥的故事。

物质准备：记录纸、录音笔、相机等。

参观对象和内容

参观秋禊桥，通过观察了解桥的外形特征、结构特征，引导小朋友们走一走，听一听，发现秋禊桥的秘密，感受它的不同之处。

参观前谈话

1. 你见过会"唱歌"的桥吗？猜一猜桥为什么会"唱歌"。你想去见见它吗？

2. 参观秋禊桥有哪些注意事项？

参观后汇总和讨论

1. 秋禊桥在哪里？是什么样子的？

2. 你听到桥"唱歌"的声音了吗？它是怎样"唱歌"的？它什么时候会"唱歌"？它为什么要"唱歌"？

3. 你在桥上看到了什么？桥心石的图案是什么样的？

小朋友们参观后发现，走在秋禊桥上，石板不平导致晃动摩擦，就会发出"叽咯叽咯"的声音，因此，秋禊桥被称为会"唱歌"的桥，也叫"叽咯桥"。它位于黎里老街西北部，禊湖道院旁，桥心有轮回雕刻，像一片荷叶，寓意平安、事事如意。

活动延伸

用拍摄照片、倾听记录声音、亲子绘画等方式记录下小朋友们眼中的秋禊桥。

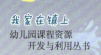

活动附件

（沈方勤　孙馨懿）

六、集体活动　禊湖秋月

活动目标

1. 欣赏黎川八景之一的"禊湖秋月",发现家乡的美景。
2. 感受古镇独特的建筑风格与自然美景的巧妙结合。
3. 大胆表征,展现自己心目中的"禊湖秋月"家乡美景。

活动准备

经验准备：小朋友们参观过黎里禊湖,知道它在哪里。

物质准备："禊湖秋月"的历史背景资料、摄影作品。

活动过程

1. 欣赏"禊湖秋月"摄影作品,说一说这是哪里。引导小朋友们把自己对"禊湖秋月"的印象简单地表达出来。

2. 引导小朋友们观察四季自然风景与建筑结合的壮观景象。通过教师的介绍加深对家乡名胜美景的了解。

3. 欣赏"禊湖秋月"的照片、视频。尝试画一画自己心目中不同季节的"禊湖秋月"，表达对家乡的热爱之情。

活动延伸

美工区：设计"禊湖秋月"画展、摄影展。

活动反思

活动中充分利用古镇建筑资源和自然资源，引导小朋友们发现古镇美，感受家乡美。重点引导小朋友们欣赏建筑与自然的巧妙结合，发现禊湖四季的不同景象，在活动中发现美、感受美，并用艺术的手法表现美、创造美。

活动附件

（沈方勤　李梦芸）

七、区域活动　建构桥

经验联结

小朋友们对古镇上的桥进行收集、参观、调查后获得了一些经验，通过模拟建构桥的方式将古镇上的桥展现出来。

活动目标

1. 知道桥的基本结构，能与同伴合作搭建桥。
2. 尝试运用各种建构材料把参观过的古镇石桥表现出来。
3. 愿意与他人分享搭建桥的故事，体会成功的快乐。

活动准备

经验准备：已初步了解不同桥的特征，收集过有关桥的照片、图片等资料。

物质准备：木板、牛奶盒、攀梯等各种可以搭建桥梁的材料。

活动内容

小朋友们自由选择伙伴，分工合作，大胆使用园内大型体育器械、长短不一的木板、牛奶箱、纸砖等其他辅助材料，建构古镇上不同特征的古桥。

活动要求

1. 选择合适的建构地点，根据古桥的结构特征选择合适的材料进行建构。
2. 建构时注意每座桥洞的宽度。
3. 建构时注意搬运的安全。

活动中的巡回指导

1. 进行搭建前要与同伴商量分工，有计划地开展搭建活动。
2. 根据桥的特点绘制建构图纸。

3. 在搭建的时候要先想一想需要哪些材料作为桥的哪些部分。

活动延伸

将小朋友们建构桥时的照片投放在班级进行展示，邀请其他班级的小朋友前来参观、欣赏，并大胆、流利地向大家介绍。

活动附件

（史燕青　沈晓英）

八、劳动活动　黎园小小建筑师

活动缘起

百果园是小朋友们日常散步的好去处，古镇蜿蜒的黎川河灌溉着大大小小不同种类的果树。百果园四季的变化深深吸引了小朋友们的眼球，梨子、桑果、橘子等各种果实，馋得一个个小朋友口水直流，忍不住要去摸一摸、数一数……特别是架在黎川河上的一座座小桥，更是有趣，小朋友们忍不住上去走一走。但是去的人多了，果园里的花苗就被踩坏了，为了解决这一问题，小朋友们决定为百果园铺设小路。

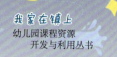

活动准备

经验准备：小朋友们有对百果园环境、植物等的相关经验储备。

物质准备：小朋友戴的安全帽、纱线手套、砖头、瓦片、木片、鹅卵石、记号笔、画板、纸每组一份，摄像机。

活动内容

引导小朋友们在活动中大胆选择自己喜欢的生活材料铺设小路，在建构游戏中促进小朋友们的肢体动作和平衡能力的发展。鼓励小朋友们合作商议，用最合适的材料铺设最方便行走的小路。

活动前谈话

1. 什么材料能为百果园铺路？
2. 你想铺百果园的哪条路？用哪种材料？你想和谁一起铺？怎么分工？
3. 如何把材料运送到百果园，你有什么办法？

活动中的巡回指导

1. 小朋友们合作商量，选择最适合的材料开始铺路，搬运铺路材料，建构不同材质的小路。
2. 鼓励小朋友们在自己铺设好的小路上走一走。

活动后交流和讨论

1. 哪一组铺的路最好走？为什么？
2. 哪条路走起来有问题？有什么办法调整？

活动后，小朋友们各抒己见，介绍自己铺的路。他们有的用木板铺路，有的用砖头铺路，有的用树叶铺路，有的用竹子铺路……分工合作，体验到了成功的喜悦。

活动延伸

小朋友们逛果园，与同伴分享成功的喜悦，并有序整理劳动工具。

活动附件

（沈方勤　张家彦）

九、集体活动　太浦河大桥

活动目标

1. 听一听太浦河大桥的故事，了解太浦河大桥的历史。

2. 通过实地、图片等多种形式的观察，知道太浦河大桥的形状结构特征。

3. 知道太浦河大桥对黎里居民的作用，能用语言大胆表达对它的情感。

活动准备

经验准备：对古桥和现代桥的相同点与不同点有一定的了解。

物质准备：太浦河大桥建造的图片、太浦河大桥改造效果图、太浦河大桥变化记录表。

活动过程

1. 说一说黎里镇上的桥。

黎里镇上有哪些桥？你知道哪些是古桥，哪些是现代桥吗？

2. 说一说太浦河大桥。

（1）有这样一座桥，它既能走人又能开汽车，连接着黎里镇的浦南和浦北，你知道是哪一座桥吗？

（2）太浦河大桥是什么样子的？有什么特别的地方？

3. 听一听太浦河大桥的故事。

（1）听老师讲述太浦河大桥的建造历史。

（2）太浦河大桥即将拆除改造，你期待大桥改建成什么样子？

4. 看一看不同时期的太浦河大桥。

（1）观察改造的效果图，请你看看大桥都在哪些地方不一样了？

（2）出示记录表，请小朋友们在相应的地方记录改造后的大桥有什么特征。

活动延伸

将不同的现代桥，如斜拉桥、立交桥、跨海大桥等照片投放入建构区，小朋友们观察并尝试用积木搭建。

活动反思

黎里的太浦河大桥陪伴着一代又一代黎里人的成长，为人们的生活带来了极大的便利。因为交通、安全等多方面因素，陪伴黎里人民几十载的太浦河大桥即将拆除改造。让小朋友们在看一看、听一听的过程中对太浦河大桥产生更加深入的了解，同时激发小朋友们对新桥建造的期待之情，让他们也关注古镇改造。

（张宇恒）

主题回顾与反思

"桥"是从资源开发以来一直在不断更进的主题，这让教师在课程审议时发现了园本课程不是一成不变的，也需要动态持续研究。古镇上的古桥都别具一格，从"桥"这一建筑资源出发，带给小朋友们的经验又是独特的。讲桥的故事激发小朋友们的探究兴趣；去实地走桥，感知桥的外观、特性、作用等；把桥引进幼儿园，利用各种生活材料进行创造、表征，带给小朋友们全面发展的机会；再通过桥的变迁，追溯桥的历史，利用太浦河大桥拆除改造的契机，从真实问题的探究研讨出发，让小朋友们学会运用经验去解决现实生活中的问题。

系列活动方案

⭐ 黎园显宝（中班）

一、参观活动 古镇显宝

活动缘起

"听说古镇上又要开始显宝啦！好想去看一看有什么宝贝！"黎里古镇拥有深厚的历史文化底蕴，每年中秋节有一个重要的活动——显宝，生活在古镇上的小朋友们早就听说过这个活动，十分好奇，于是就开展实地参观活动，了解黎里古镇独有的民俗。

活动目标

1. 通过多渠道对古镇显宝活动进行观察、欣赏、感受、体验。
2. 尝试采访参加显宝的人。
3. 知道家乡有丰富的人文资源，萌发作为黎里人的自豪感。

活动准备

经验准备：收集家中老物件的故事，并准备好讲故事。

物质准备：参与古镇显宝活动的倡议书、记录表、笔。

参观对象和内容

小朋友们参观黎里古镇的显宝活动。

参观前谈话

1. 你知道中秋显宝吗？你在哪里听到、看到过？想不想实地去看一看？

2. 参观需要准备什么工具？记录什么？（记录表、笔）

3. 注意参观活动的秩序，记录下活动中看到的。

参观后汇总和讨论

1. 在古镇显宝活动中，你看到了什么？听到了什么？

2. 说一说你最喜欢的一件宝贝，你为什么喜欢它？

分享在活动中记录到的内容。比如看到了各式各样的宝贝，听到了关于各种宝贝的故事，引导小朋友们说出自己印象最深的一件宝贝，并说明理由。

活动延伸

设计调查表；收集家里的古董宝贝。

活动附件

（徐 浩　周利芳）

二、收集活动　我家的宝贝

活动缘起

中秋节时，小朋友们参观了古镇中秋显宝活动，看到了许多老爷爷、老奶奶在展示珍贵的古董宝贝，很感兴趣。回到教室后，开展了"说说你认识的宝贝"的讨论，从而引发了找一找家里的古董宝贝，并收集带来幼儿园展示的活动。

活动准备

经验准备：小朋友们参观过古镇的中秋显宝活动，知道什么是古董宝贝。

物质准备：收集表格。

收集对象和内容

收集家中的老物件，如算盘、油纸伞、洋油灯、钟等，发现家中宝贝的多样性，了解宝贝的作用和背后的故事，感受宝贝的文化底蕴。

收集前谈话

1. 你家里有什么宝贝？
2. 你知道这件宝贝是用来做什么的吗？
3. 请你记录在收集表上，分享给小伙伴。

收集后汇总、展示、交流和讨论

1. 你带来的宝贝叫什么名字？有什么作用？
2. 你最喜欢哪件宝贝？为什么？

小朋友们在班级展示并介绍自己带来的宝贝，同时说一说它的作用。之后请小朋友们交流讨论自己最喜欢的宝贝是什么，并说说原因。

活动延伸

集中展示小朋友们带来的宝贝。开展班级显宝活动,请大家介绍自己带来的宝贝,宝贝在展示期间,可以让其他幼儿来观赏。

活动附件

(陆倩旎　孙旭雯)

三、集体活动　宝贝的故事

活动目标

1. 能用恰当的语言介绍自己的宝贝。
2. 了解并说出宝贝背后的故事。
3. 乐于与他人分享,体验分享的乐趣。

活动准备

经验准备:收集家中老物件的故事,并准备好讲故事。

物质准备:已经完成的寻宝调查表、"黎里古镇显宝"活动视频。

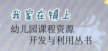

活动过程

1. 分享寻宝调查表，说一说宝贝的故事。

2. 画一画宝贝的故事。

3. 布置班级显宝展示区。

活动延伸

1. 在阅读区投放自编图书《宝贝的故事》。

2. 园级展示显宝区。

活动反思

活动中的老物件是由幼儿亲自从家中寻得的，因此，他们一方面在与同伴分享宝贝时能较自豪地说出宝贝的故事，另一方面对同伴带来的宝贝也充满好奇，十分愿意倾听他人带来的故事，了解更多宝贝的用途及其背后的趣事。这些宝贝都曾是老百姓的生活必需品，幼儿在分享宝贝故事的过程中能清晰、直观地感受到中国人生活的变化和科技的发展，从而为中国人的聪明才智感到自豪，有利于培养他们的民族自信心。

活动附件

（史燕青　孙　舒）

四、区域活动　宝贝身份卡

经验联结

小朋友们在"宝贝的故事"活动中,提出要为宝贝做个身份卡展出,通过为宝贝制作身份卡来介绍不同的宝贝。

活动目标

1. 能根据不同宝贝的特征设计不同的身份卡。

2. 能介绍宝贝和它背后的故事。

3. 愿意参与显宝活动,能感受传统习俗的魅力。

活动准备

经验准备:小朋友们参与过中秋显宝活动,知道各个宝贝的特征、作用。

物质准备:宝贝、勾线笔、蜡笔、剪刀、胶水、各色卡纸、展台。

活动内容

先研讨认识生活中一些事物的身份卡,再根据不同宝贝的特征为宝贝设计身份卡,并能通过宝贝身份卡来向同伴介绍宝贝。

活动要求

1. 仔细观察宝贝,能说出不同宝贝的特征。

2. 先研讨认识生活中一些事物的身份卡,如参考大树的身份卡,再设计、制作宝贝身份卡。

3. 宝贝身份卡应简单易懂,可以从宝贝的外形特征、功能作用等方面进行设计与制作。

指导要点

指导小朋友们仔细观察宝贝的特征,如形状、颜色、功能等,先说一说宝贝的特征,再根据特征来制作宝贝身份卡。

活动延伸

开展宝贝介绍会:将宝贝们集中布置,请小朋友们为这些宝贝贴上身份卡并介绍宝贝的特征及其背后的故事。

活动附件

(徐 浩)

五、生活环节渗透 黎园显宝

活动缘起

"这是我带来的,是我奶奶以前用过的。"户外活动后,天天指着走廊里的一把算盘说。"老师,这是我带来的""这个茶壶是我带来的"……小朋友们对一楼走廊里的老物件充满了兴趣。于是,一场在散步中分享老物件的活动就地展开了。

活动准备

经验准备：小朋友们参与过显宝活动，制作过宝贝身份卡。

物质准备：家中的宝贝，每个宝贝的介绍名片、展台。

活动内容和方式

1. 将宝贝按照古镇显宝活动的方式布置。
2. 看宝贝的身份卡，了解其他班级宝贝背后的故事。
3. 回班说说对黎园显宝活动的感受。

活动中的巡回指导

指导小朋友们根据宝贝的身份卡说出不同宝贝的不同特征和功能，以及自己举办显宝活动的感受。

活动延伸

老物件写生。

活动附件

（徐 浩　沈方勤）

⭐ 有趣的编织（中班）

一、参观活动　参观竹器行

活动缘起

散步时，小朋友们一起欣赏着大家带来的宝贝，萱萱被一个小竹篮吸引了："这个篮子我家里有，我奶奶用来装东西。"小朋友们都凑过来，纷纷说："我家里也有。"乐乐说："这个篮子从哪里来的呢？是怎么做出来的？"诺诺说："我知道，老街上的一家店里有很多这样的篮子。"妍妍说："我去过，有个爷爷会编篮子。"乐乐说："我也想去看看。"小朋友们对老街上这家编篮子的店充满了兴趣。

活动准备

经验准备：小朋友们看到过老街的竹器行，家中也有竹篮子等物品。

物质准备：参观记录表、白纸、笔。

参观对象和内容

1. 参观黎里古镇的竹器行，欣赏竹器行中各种竹制的生活用品，认识竹器行中的竹编传承人周富林爷爷。

2. 通过与周爷爷对话、观察周爷爷制作竹编工艺的过程，初步了解竹编工艺的制作方法，感受竹编制作的神奇，对编织产生兴趣。

参观前谈话

1. 竹器行在黎里古镇的什么地方？

2. 参观时大家要去看什么？需要带什么工具？用什么方法来记录观察到的内容？（笔、设计记录表等）

参观后汇总和讨论

1. 竹器行在什么地方？它有什么特别的标记吗？
2. 竹器行里有什么？
3. 你是用什么方式记录观察到的内容的？你在观察中遇到了什么困难？

竹器行在老街庙桥广场上，店门口挂着一些竹子做的篮子，店里有许多用竹子做成的小玩具：小竹船、竹蜻蜓、竹风车、竹匾……品种非常丰富。竹器行的主人是周富林爷爷，小朋友们可以尝试跟着他学做简单的竹器。

活动延伸

活动期间带小朋友们一起分享他们拍摄的参观竹器行的照片，进一步激发他们对竹制品编织活动的兴趣。

活动附件

（史燕青　金张琳）

二、劳动活动　修篱笆

活动缘起

"老师,你看,这里的花朵又被小朋友们踩坏了!"奕奕着急地跑来告诉老师。每次来喂小羊,总有小朋友会不小心把那里的植物踩坏,这引发了小朋友们的讨论。"有什么好办法,可以保护这片种植地,让里面的植物不受到破坏?"有的小朋友说:"走路的时候要小心,要走在小路上,不要走到种植地里。"有的小朋友说:"可以在种植地做一个'禁止踩踏'的标记。"还有的小朋友说:"可以在种植地围上一圈篱笆,这样人就不会走到种植地里了。"

活动准备

经验准备:小朋友们了解栅栏的基本结构和修建栅栏的基本方法。

物质准备:铲子、耙子、锤子、手套、树枝、一次性筷子、芦苇秆、麻绳等。

活动内容

寻找合适的自然材料,学会使用多种工具,用插、挖、敲、围、绕等多种方法修建篱笆。

活动前谈话

1. 你知道篱笆长什么样子吗?用什么材料制作合适呢?

2. 修篱笆可能会用到什么工具?

3. 在种植地的什么地方修篱笆最合适?为什么?

活动中的巡回指导

1. 指导小朋友们正确使用铲子、耙子、锤子等工具,熟练掌握挖、耙、敲等不同的动作,用于辅助修建栅栏。

2. 鼓励小朋友们分工合作,共同完成修建任务。

3. 指导小朋友们选择合适的材料修建篱笆。

4.指导小朋友们学习用麻绳缠绕的方法加固篱笆。

活动后交流讨论

1.你是怎样修篱笆的？选用了什么材料？

2.在修建中你遇到了什么有趣的事？遇到困难了吗？

引导小朋友们回顾修篱笆的过程及修篱笆中遇到的困难是如何解决的。重点讨论编织篱笆过程中绳编的方法。

延伸活动

1.生活区：投入多种编织材料，引导小朋友们掌握正确的编织方法，使篱笆更牢固。

2.科学区：提供尺、卷尺、笔等多种材料，引导小朋友们尝试用多种方式去丈量、统计，如测量篱笆有多长。

活动附件

（张 燕 施 怡）

三、区域活动　有用的稻草

经验联结

小朋友们在参观竹器行后对编织活动产生了兴趣，在区域游戏中尝试利用毛线、麻绳等材料编织小篮子、小风铃等，有一定的编织经验。

最近种植地里播种了蚕豆，小朋友们担心种植地的蚕豆宝宝会冻坏了，想给蚕豆宝宝盖上厚厚的棉被。那用什么来做棉被呢？小朋友们发现乡下的老奶奶会给地里的庄稼盖上稻草，于是他们决定用稻草来编织一条"棉被"。

活动目标

1. 知道用编织架编织稻草的基本方法，能手眼协调地进行稻草编织。
2. 尝试合作编织，遇到问题想办法解决，不怕困难。
3. 喜欢编织活动，感受为植物盖上自制"棉被"时的快乐。

活动准备

经验准备：小朋友们玩过绳编、纸编的游戏活动，初步了解编织的基本要求，要有规律地进行编织。

物质准备：收集到的稻草、编织架、麻绳。

活动内容

小朋友们利用编织架、稻草和麻绳尝试进行编织，两两合作，在编织架上一层一层来回编织，制作稻草"棉被"。

活动要求

1. 编织前，要将稻草进行简单的清理，去除多余的杂乱稻草。
2. 编织时，选取一把（6~8根）稻草，先整理对齐再编织。

3. 与同伴配合,有规律地开展编织活动。

活动中的巡回指导

指导小朋友们在编织时,要将麻绳交错,每一个编织架上的小卡扣都要编织,可在卡口上绕圈以固定麻绳,不遗漏。合作中,两个小朋友要一起拉紧麻绳才能将稻草编织得更加紧密。

活动延伸

1. 在种植地里为蚕豆宝宝铺"棉被"。

2. 编织生活中其他有趣的物件。

活动附件

(史燕青)

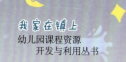

黎川风光（大班）

一、调查活动　黎川河边

活动缘起

古镇上有一条河，名叫黎川河，是黎里古镇的重要标志之一。居民临河而居，渐渐地黎川河两岸出现了各种各样的房子、巷弄、河埠头等。小朋友们喜欢黎川河，乐意走近黎川河边，了解两岸的建筑能加深他们对家乡的了解，感受黎川河的无限魅力。

活动准备

经验准备：小朋友们初步了解黎川河，有过参观的经历。

物质准备：调查表、笔、儿童相机。

调查对象和内容

引导小朋友们向周边居民调查黎川河的两岸有什么，了解黎川河两岸的桥、河埠头、巷弄、古迹等。

调查前谈话

1. 黎川河在哪里？河两边有什么？

2. 你想用什么方法把河两岸的事物记录下来？

3. 我们可以怎么分组？你想向谁调查？

调查时提醒小朋友们注意安全，每组小朋友有至少一名教师陪同，教师要鼓励小朋友们认真记录观察到的黎川河两岸的风光。

调查后汇总和讨论

1. 黎川河有多长？河两岸有什么建筑？

2. 你问了谁？遇到了什么困难？是怎样解决的？

重点让小朋友们说说调查到的内容及调查中遇到的困难和解决方式。如黎川河有多长？是用什么方法调查到的？

活动附件

黎川河边调查表

班级：_____ 姓名：_____

名称	在哪里	什么样

（沈方勤　徐宇佳）

二、集体活动　小小设计师

活动目标

1. 选择自己的方式设计黎川河两岸的建构图纸。
2. 尝试大胆设计并与同伴分享自己的想法。
3. 对黎川河两岸的事物进行创意想象，体验创作的乐趣。

活动准备

经验准备：小朋友们有过参观黎川河的经验，初步了解黎川河两岸的事物；同时有过沙池建构的经验。

物质准备：课件、投影仪、电脑、画纸、画笔、颜料等材料。

活动过程

1. 观察黎川河全景图和资源地图上的黎川河，让小朋友们初步感受它像龙一样的造型。
2. 讨论黎川河两岸会有哪些事物，怎么设计？
3. 小朋友们分组设计，教师巡回指导。
4. 小朋友们展示图纸作品并相互分享。

活动延伸

根据图纸开展沙池建构的活动。

活动反思

小朋友们在前期游学参观活动中，对黎川河两岸的景象有了很多直观的感受，如黎川河蜿蜒的形态，横跨在黎川河上的石桥，河两岸的民居，不同种类的廊棚等。小朋友们在设计活动中能大胆地再现，特别是对于黎川河两岸的建筑物表现得十分逼真，明暗弄堂的设计尤为突出，能用浅色和深色来区别表现，创造性地突出了黎川河两岸的建筑特色。

活动附件

（沈方勤　朱　清）

三、收集活动　材料大收集

活动缘起

玩沙对不同年龄段的小朋友来说有着不一样的教育价值，幼儿园的沙池坐落在小树林里，各种自然材料应有尽有，小朋友们决定在沙池里挖建黎川河及河边的各种事物。我们想通过材料的持续进入，让小朋友们感受和同伴一起发现问题、解决问题的过程，因此开展了本次材料收集活动。

活动准备

经验准备：小朋友们有使用低结构材料的经验，如砖块、竹子等。

物质准备：收集表、收集箱。

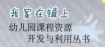

收集对象和内容

沙池建构辅助材料。

收集前谈话

1. 你想收集什么材料来建构我们的黎川河？

2. 你想到哪里去收集材料？

收集后汇总、展示、交流和讨论

1. 小朋友们介绍自己收集来的材料，说明材料的用途及想要用它建构什么。（树枝、大鹅卵石、小鹅卵石、砖块、竹子、雪糕棒、木板、铲子、提桶等）

2. 制作材料分类标签，贴在材料筐上，小朋友们根据图片知道如何摆放整理。

3. 师幼共同制定沙池区游戏规则，让玩沙活动更加有趣、有序。

活动附件

（陆倩旎）

四、区域活动　黎川风光

经验联结

开展大班集体活动"小小设计师"后,小朋友们初步了解了黎川河,有参观黎川河的经历,已经设计了黎川河两岸的建构图纸,开始建构游戏。

活动目标

1. 尝试用砖头、竹竿、屋顶、文化砖、铲子等材料实施自己的设计。
2. 能与同伴一起合作探究,体验与同伴交流分享的乐趣。

活动准备

经验准备:小朋友们有游览老街的经验。

物质准备:设计图、砖头、竹竿、屋顶、文化砖、铲子、围兜、白纸、记号笔、设计好的图纸、记录表等。

活动内容

1. 讨论用什么材料挖黎川河,造房屋,铺道路。可以怎样建造?
2. 在建构中和材料密切互动,发现问题,解决问题,完善设计。

活动要求

在沙池内挖一条黎川河,在河两岸建造房屋,铺设道路、造桥。

活动中的巡回指导

重点观察小朋友们在建构中遇到的问题,通过不同材料及不同组合方法来建构黎川河两岸的风光。

活动延伸

不断跟进材料,尝试用不同的材料进行创意建构。

活动附件

（陆倩旎　冯　飞）

⭐ 老街廊棚（大班）

一、参观活动　廊棚在哪里

活动缘起

"晴天不打伞，雨天不湿鞋。"每次小朋友们在老街上行走都对廊棚充满好奇。"廊棚建造在哪里？""廊棚是什么样的？""廊棚是房子吗？"老师循着小朋友们的兴趣和需要，为了满足他们的好奇心和求知欲，引导他们用多种感官去认识和了解廊棚，组织了本次参观活动。

活动准备

经验准备：幼儿生活在古镇，见过廊棚，有在廊棚下休息、游玩的经验。

物质准备：儿童相机、参观廊棚的记录表、笔。

参观对象和内容

参观黎里古镇的廊棚,欣赏廊棚的外形结构,初步了解廊棚的建筑特点及其分布特点,萌发热爱家乡的美好情感。

参观前谈话

1. 廊棚是什么样子的?廊棚是用来做什么的?

2. 你想去看看廊棚的什么?

3. 参观前提醒小朋友们注意安全,遵守活动规则。

参观后汇总和讨论

1. 廊棚建在哪里?每一段廊棚都一样吗?有什么不同?

2. 沿着老街一路都是廊棚,每一段廊棚都会有些不同,引导小朋友们说说廊棚的不同之处,并说一说廊棚底下的人在做什么。

活动延伸

参观廊棚后,尝试在幼儿园古镇资源地图上标注廊棚的大致方位。

活动附件

(徐 浩 周勤芳)

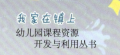

二、集体活动　各式各样的廊棚

活动目标

1. 认识各种各样的廊棚，知道廊棚的种类。
2. 感受家乡廊棚的美并且能用多种方式表现出来。
3. 了解家乡，更加热爱自己的家乡。

活动准备

经验准备：小朋友们到古街上走一走，看一看廊棚。

物质准备：小朋友们观赏老街廊棚的照片和视频。

活动过程

1. 说说廊棚。

出示关于廊棚的照片和一段视频，师幼一起欣赏。

2. 观察廊棚。

大家看到的廊棚有哪些不一样的地方？一共有几种类型的廊棚？

3. 认识廊棚的种类（配合图片和视频介绍）。

（1）披檐式。悬挑或者用斜撑建成一披势；斜斜的一披势，对面立上廊柱。

（2）人字式。人字式是双坡形，双坡面比单坡形要宽。

（3）骑楼式。廊棚建成人字形屋面，再在人字形屋面上骑建楼房。

（4）过街楼。街道两侧的房屋通过二层的连廊互相连通，底层中间为街，两侧是店铺；上面为楼房，下面靠市河一侧用立柱支撑，立柱的四周砌砖加固，楼房下形成的空间作为街道。

4. 廊棚的作用。

（1）实用性：夏天防晒，不被暴晒，雨天防水，鞋子不湿，还能抵风挡雪。

（2）欣赏性：黎里的长廊，增加了古韵雅意，蕴含着审美趣味。

活动延伸

1. 周末的时候小朋友们可以去找一找这些廊棚在哪里，用自己喜欢的方式记录下来。
2. 小朋友们不妨在下雨天去老街走走，真实感受廊棚的作用。

活动反思

黎里古镇的廊棚是水乡建筑的一大特色，沿河的廊棚建造形式多样，形态各异。《指南》明确指出艺术是人类感受美、表现美和创造美的重要形式。小朋友们在亲历中，可以更好地感受与创造，萌发热爱家乡的情感。活动中小朋友们通过参观了解廊棚，借助多媒体，利用照片、视频，生动形象地感知廊棚的种类及廊棚之间的不同，感受家乡浓浓的古朴特色。但在引导小朋友们认识廊棚种类的时候只用了照片和视频，有点单调并且不够深入。可以在介绍时鼓励小朋友们用多种形式表征廊棚，巩固他们对于廊棚的认知。

活动附件

（朱　琦　陆倩旎）

三、区域活动　我们的老街廊棚

经验联结

小朋友们通过参观古镇，了解了老街上各种各样的建筑，他们对廊棚十分感兴趣，有的说："廊棚也有屋顶，像房子。"有的说："廊棚有柱子、有矮墙。"还有的说："廊棚下面还有路。"……并在建构区尝试建构。大家针对廊棚展开了讨论，想将老街廊棚"搬"进幼儿园，在活动中尝试收集投放更多生活材料，体验在园内建构廊棚。

活动目标

1. 观察廊棚的外形结构，尝试用建构方式表征。
2. 用生活中的材料进行创意建构。
3. 喜欢参与建构活动，能与组员分工合作进行建构。

活动准备

经验准备：小朋友们对廊棚的结构有一定的了解。

物质准备：水管、接头、铁艺网格、转接头、灯笼、手套、魔术贴纸箱、雨花石、文化砖、积木、挂钩等。

活动内容

小朋友们前期对建构材料有了感知和了解，在做建构活动计划时分组讨论，通过改变建构方法、更新材料来优化建构活动。

指导要点

1. 在建构时提醒小朋友们注意廊棚屋顶的稳定性，鼓励他们遇到困难时寻求同伴的帮助，思考解决办法。
2. 选择材料时注意搭配使用，搬运使用一些较大型的生活材料时注意安全。

活动要求

在建构廊棚时,探究柱子的排列和固定,以及屋顶建造的方法。

活动延伸

1.幼儿在班级科学区探索物体的稳定性。

2.幼儿讲述自己和廊棚的故事。

活动附件

(施文婷　汝志芳)

单个活动方案

一、区域活动 做"黎宝"(中班)

经验联结

小朋友们在园内散步的时候,看到了有趣的"黎宝"图案,他们好奇地问道:"这么可爱的梨子叫什么名字呢?"经老师介绍后,他们了解到这是我们幼儿园的形象标识"黎宝",它是幼儿园往届哥哥、姐姐设计的,于是,小朋友们也萌发了动手绘画和制作"黎宝"的兴趣。

活动目标

1. 尝试利用多种材料创作,表现"黎宝"的外形特征。
2. 乐意向同伴介绍自己的作品,激发成为黎园小主人的自豪感。
3. 与同伴合作,解决制作"黎宝"时遇到的困难,体验成功的喜悦。

活动准备

经验准备:小朋友们知道"黎宝"是由大班哥哥、姐姐根据园内种植的梨子创作的形象标识。

物质准备:各类彩纸、卡纸,各类笔,彩泥,剪刀,树枝,梨树树叶,"黎宝"照片,幼儿园园标。

活动内容

研讨认识梨子的颜色、形状等外形特征,根据外形特征进行拟人化的设计并进行绘制。设计后选择适宜的游戏方式及材料,如彩泥、树枝、树叶等进行手工创作。

活动要求

1. 仔细观察梨子的外形特征,并能在创作中体现。

2. 能通过添画的方式将梨子拟人化。

3. 按需选择"黎宝"的制作材料，注意材料的使用安全。

活动中的巡回指导

1. 指导幼儿观察梨子的外形特征，并进行合适的添画使其拟人化。

2. 引导幼儿选择合适的材料进行制作。

3. 提醒幼儿安全正确地使用剪刀。

活动延伸

收集小朋友们的作品，通过多种途径展示他们的作品。

活动附件

（顾春凤）

二、劳动活动 插秧啦（中班）

活动缘起
又到了一年育种插秧的时节，小朋友们经过田野边时经常可以看到农民伯伯插秧的场景，他们很期盼能尝试种植秧苗，体验种植的乐趣和农耕的快乐。

活动准备
经验准备：小朋友们观看过农民伯伯插秧的场景、图片或视频。

物质准备：雨鞋、秧苗。

活动内容
1. 认识秧苗：出示秧苗，让小朋友们从秧苗的外形、颜色等方面了解秧苗的形态特征。
2. 分组讨论：如何简单有效地插秧苗？将讨论结果在集体面前表达出来。
3. 分组插秧：注意引导小朋友们体验在泥地里行走及插秧时的感受。

活动前谈话
1. 农民伯伯插秧时需要提前做些什么准备？
2. 插秧时需要准备什么工具？插秧有哪些方法？

活动中的巡回指导
1. 提醒小朋友们插秧时要用力把秧苗插入泥土较深的位置。
2. 引导小朋友们插秧时按照从前往后的顺序。
3. 指导小朋友们可以采用不同的方法，使用不同的工具插秧。

活动后交流和讨论
1. 你是如何插秧的？
2. 你在插秧的过程中遇到了什么难题？你是如何解决的？若没有解决，其他小朋友有什么好办法吗?

3. 你在插秧后有什么感受?

在插秧活动中,小朋友们要学会在劳动前做好充分的准备工作,学习正确的插秧方法,教师鼓励小朋友们在劳动过程中勇于解决遇到的问题。

活动延伸

1. 与家长分享插秧的方法,谈谈自己插秧的心情。

2. 在日常活动中观察秧苗成长情况并记录。

活动附件

(吴菊华　潘　纯)

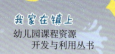

三、集体活动 旗袍（大班）

活动目标

1. 初步了解旗袍区别于日常服饰的三大基本元素：立领、开襟、盘扣，感受旗袍的美。
2. 能大胆运用多种工具和材料设计、涂鸦旗袍。
3. 乐意参与艺术活动，喜欢用自己的作品表现旗袍的美。

活动准备

经验准备：小朋友们欣赏过旗袍；有借助自然材料、生活材料涂鸦的经验。

物质准备：小朋友们涂鸦伞做装饰，配有各种旗袍图片的展示架，桌子排成长方形，PPT材料、背景及音乐，涂鸦材料及辅助材料。

活动过程

1. 小朋友们欣赏PPT，初步感受江南古镇风格与旗袍的融合美。
2. 小朋友们通过观察发现旗袍与日常服饰不同的三大基本元素：立领、开襟、盘扣。

教师小结旗袍的三大元素特点，引导小朋友们发现旗袍的美。

3. 讨论与创作。

（1）小朋友们两两合作设计旗袍。

（2）小朋友们根据设计，大胆运用工具和材料进行涂鸦。

活动延伸

旗袍秀：鼓励幼儿穿上自己设计、涂鸦的旗袍进行表演秀。

活动反思

《指南》中明确指出："幼儿艺术领域学习的关键在于充分创造条件和机会，在大自然和社会文化中萌发幼儿对美的感受和体验，丰富其想象力和创造力，引导幼儿学会用心灵去感受和发现美，用自己的方式去表现和创造美。"本次活动通过欣赏各式各样的旗袍，激发小朋友创作旗袍的愿望。

旗袍线条柔美、图案丰富、色彩鲜明，特别是蕴藏在旗袍上的立领、开襟、盘扣三大元素，具有独特的美，能引发幼儿表达、表现旗袍的美。

（沈方勤）

四、参观活动 锡器博物馆（大班）

活动缘起

"这种银白色的酒杯是用什么做的呢？"小朋友们摆弄着银色的酒杯好奇地问。"这个酒杯是用一种叫锡的金属材料制作的，这种锡材料还能做很多东西。""还可以做成什么东西？""锡制作的物品在古镇的锡器博物馆里藏着呢，大家一起去看一看吧！"

活动准备

经验准备：小朋友们见过生活中的锡制品，对古代的生活用品有一些了解。

物质准备：锡器博物馆的介绍和藏品照片。

参观对象和内容

参观锡器博物馆，欣赏馆内各类锡器。了解各种锡器的不同用处及历史文化故事。体验制作锡器的过程，初步了解制作锡器的工艺流程。

参观前谈话

1. 锡器博物馆在古镇的哪个位置？我们要怎么去？

2. 你对哪件锡器感兴趣？你想了解锡器的哪些秘密？

3. 我们在参观锡器博物馆时要注意些什么？如何文明参观？

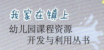

参观后汇总和讨论

1. 你在锡器博物馆里看到了哪些锡器？你最喜欢哪一件？为什么？
2. 你最感兴趣的锡器是哪一件？它有什么特别之处？
3. 锡器是如何制作的？它的制作流程是怎样的？

集中讨论小朋友们在参观中看到的锡器展品，通过观察图片，讨论不同锡器的作用和特点。锡器制作一般包括熔锡制、碾压锡片、放样下料、钣金成型、焊接、打磨抛光、雕刻纹饰、揩擦质检等步骤。别看锡器如此小巧，它的制作工艺极其复杂，制作一件精美的锡器，匠人叔叔需要耗费许多心血。

活动延伸

亲子参观锡器博物馆，体验锡器制作；亲子制作锡器，作品在幼儿园中进行展示分享。

活动附件

（吴菊华　沈方勤）

我家在镇上

五、区域活动　锡纸的作用大

经验联结

参观锡器博物馆后，小朋友们知道了生活中有许多物品是由锡制作的。其中最常见的锡纸有很大的用处，如包装食品、烘烤东西等都会用到锡纸。通过在美工区和科学区投放锡纸，幼儿进一步了解锡纸，探究锡纸的秘密。

活动目标

1. 在游戏操作中充分感知、了解锡纸光滑的特性。
2. 体验锡纸水油分离画活动带来的乐趣。

活动准备

经验准备：小朋友们参观过锡器博物馆，对锡金属有一定的了解。

物质准备：锡纸、油性记号笔、水、吸管。

活动内容

将锡纸的四个边折一下，贴上起点和终点，用油性记号笔在锡纸上画出两个小蜘蛛。将常温水倒在"蜘蛛"上，观察"蜘蛛"的变化。用吸管将"蜘蛛"从起点吹至终点，观察吹"蜘蛛"时发生的现象。

活动要求

1. 使用正确的方法折叠，让锡纸成功盛水。
2. 画"蜘蛛"时要尽量一笔成形，不能画太小。
3. 倒水时要缓慢倒入，吹"蜘蛛"时也要控制好力度。

活动中的巡回指导

1. 指导幼儿在折纸时注意控制力度，防止锡纸破碎从而导致漏水。

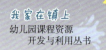

2.引导幼儿观察"蜘蛛"从锡纸上漂到水面上的过程。

活动延伸

锡纸制作小纸人，锡纸美食制作。

（陆倩旎　朱　忻）

活动叙事

⭐ 镇上的老房子

活动缘起

"你搭的明明是个宝塔！""这是我的家！""你在吹牛吧！你的家怎么会这么大！"……

点点和尤尤的争吵声充斥了整个建构区，老师和四周的小朋友都闻声望去，只见尤尤搭了一个两层建筑，这个建筑整体方正、两边对称、屋顶倾斜。尤尤的眼泪在眼眶里打转，他委屈地说："老师，我明明搭的就是我的家，我的家在老街上！"身边的瑶瑶说："老街上的房子就是屋顶黑黑的、斜斜的，而且有好多呢。"围观的小朋友们也轻声附和。听到大家都这么说，点点低下了头。老师说："既然大家意见不统一，那让我们一起重新认识一下老街上的老房子吧！"

教师的思考

1.如何从小朋友们实际的认知水平、经验和兴趣出发，以实际问题为线索连续性地对老房子进行建构活动？

2.如何根据小朋友们的发展特点，循序渐进地投放建构材料、改变建构方法、更新建构形式？

3. 如何激发小朋友们热爱老房子、热爱家乡的情感？

小朋友眼中的"老房子"

1. 与老房子的故事。

（1）旧照片中的老房子。

老房子是什么样的？谁住在老房子里？教师借助网络等渠道搜集了黎里古镇上许多老房子的照片、视频与小朋友们分享。他们一边看，一边讨论。汤圆说："我昨晚散步还路过这座房子。"小涵也跳出来说："这是我外婆家，我小时候一直在这里玩躲猫猫！"……教师抓住这个契机，让小朋友们收集家中的旧照片与同伴分享。

故事会上，小朋友们争先恐后地讲述。特别是安安讲的《地瓜味的老房子》："老房子的厨房里到处都黑漆漆的，每次我去找太奶奶玩，远远地就能闻见烤地瓜的香味，太奶奶会从黑漆漆的'灶洞'里变出烤地瓜来，老房子的厨房真的很神奇！"

（2）新照片中的老房子。

为了让小朋友们有针对性地观察老房子的建筑特点，获取新经验，老师和小朋友们一起讨论、设计观察记录表，包括老房子的门、窗、屋檐等内容。老师和小朋友们一起前往老街，从眺望老房子到走进老房子，由远及近地对老房子进行观察。

"有的门竟然是用木板拼起来的。""木板后面有一根重重的木头横着呢，奶奶说那叫'门闩'，是老房子的门锁。"点点和汤圆讨论着。

"快看！那两座房子中间竟然有'空中走廊'，太奇妙了！"安安激动得跳起来，一旁的小朋友也十分惊讶。

"这样的建筑叫'过街楼'。"老师向大家介绍。有的小朋友把过街楼记录在表格上，有的和过街楼合了影，直夸有趣。

2. 给老房子画张像。

小朋友们通过看照片、实地参观、故事分享等方式了解老房子，并用笔画出老房子。

"我的老房子很大，还有一个院子。"安安说。

"我的老房子有两层，可以从我家直接走到西西家，我和她说好了。"尤尤说。

"是的，我们的房子中间有过街楼。"西西向老师介绍说。

在进行作品分享时，小朋友们都介绍了自己家的老房子。

幼儿园中的"老房子"

1. "砖头"被吹倒了。

（1）"砖头"太轻了。

小朋友们在户外用空纸箱搭建"房子"。一阵风吹来，"我的房子倒啦！"有的"平房"甚至被吹到了墙边，大家呼喊着抢救"房子"。小朋友们有的站在房子前张开双臂，有的与泡沫箱子展开追逐，操场上好不热闹。"'房子'怎样才能不被风吹跑呢？"经过一场激烈的讨论，小朋友们得出了结论：我们搭"房子"的"砖头"太轻，"房子"一吹就倒，在"砖头"里放入木块、沙子等就能加重"砖头"的重量。

（2）"风"太大了。

一阵大风吹来，"哎呀，'房子'又倒了！"有的小朋友已经有些不耐烦了。尤尤说："怎么回事呀？我明明已经在箱子里放了木头。"点点回答他说："肯定是我们放的木头不够多。"西西听了点点的话，说："箱子已经很重了，再重一些我都搬不动了。"见小朋友们争执不下，各有想法，老师便鼓励小朋友们回家查阅相关资料并与家长讨论。

第二天交流时，晨晨带了一张揽胜桥的照片，他向小朋友们解释说："揽胜桥下有许多洞洞，这样一下子就可以流好多水，如果我们留一点'砖头缝'，那一下子就可以通过好多风，这样'房子'就不会倒了。"大家都很认同晨晨的话，老师便鼓励大家进行实践认证，发现"房子"真的不容易倒了。

2．"老房子"真高。

解决了"砖头"被吹倒的问题，昊昊便想给"老房子"安上屋顶，却发现自己踮起脚尖也够不到，他踩上一块积木，勉强给"房子"安上了屋顶。但"房子"越来越高，够不到的问题越来越明显，点点借来了椅子，汤圆搬来了梯子，安安和西西相互抱起想够得更高……老师与小朋友们测试了这些提议的可行性，最后决定投放较为安全的长椅来支持较高的建构活动。

3．"地图"标识。

小朋友们建构的"房子"越来越精美，美术组还在"房子"上绘制了黎里古镇的地图，但是"地图"被分成了好多块，就像一个大拼图，如果没有标识，小朋友们需要花很长时间来拼搭。为此，班里再次组织了一次问题研讨会。

"怎样才能又快又好地搭出'地图'呢？"老师的问题让小朋友们陷入了思考。

"拼图的后面有标志,那给'地图'也标上不就行了。"点点的话打破了大家的沉思。

"对呀对呀,给'地图'标识。"大家都很赞成。

美术组开始用小花、蝴蝶等图案来标识"地图",小朋友们在之后的搭建活动中能够在较短时

间内完成"地图"拼搭了。

尾声

乡土资源只有贴近幼儿的生活,融入幼儿园课程,成为引发幼儿活动的资源,才能很好地发挥它所蕴藏的丰富的教育价值。老房子是黎里古镇上重要的乡土资源之一,老师将老房子作为研究内容,融入幼儿的课程,让幼儿认识老房子、观察老房子、走进老房子、说说自己跟老房子的故事,老房子似乎成了幼儿的伙伴、童年的记忆,他们因为爱老房子里的人而爱老房子、爱家乡。

小朋友们花了一个多月的时间,成功将老房子"搬进"幼儿园,他们在建构前做好了充足的准备,在建构时不断地发现问题并解决问题,在活动结束后获得了很多有益的新经验,"老房子"也成了幼儿园里一道特殊的风景。

(徐宇佳)

⭐ 热闹的黎川河

活动缘起

小朋友们在幼儿园的沙池里已经玩了一段时间,熙熙拿了几块砖头在旁边垒起来搭房子,搭好之后对小枫说:"看,这是我家的房子,我家住在黎川河旁边。"小枫拉住熙熙:"那我们一起来挖河吧。"于是两个人在房子的旁边开始挖,其他小朋友也被他们吸引过来,一起拿着铲子和小桶挖黎川河。

黎川河越挖越长,熙熙又开始在河的旁边搭房子,小枫说:"你搭的房子都一样,我们搭点别的吧。"于是两个人搭了许多造型奇特的房子,许多小朋友也加入进来。回到教室,老师给小朋友们展示了他们今天活动的照片,欣欣说:"哇,河边有好多房子呀!""黎川河边上只有房子吗?""我们还可以在沙池的黎川河上建构什么呢?"小朋友们七嘴八舌地讨论起来。为了确定黎川河上到底还有什么,他们决定再去游一游老街,看一看黎川河。

游老街

小朋友们一起去老街逛一逛,看看黎川河岸边有什么,并把自己看到的内容画了下来。小枫拿着记录表兴冲冲地跟同伴分享他画的东西,介绍了他在老街上看到的建筑、景色、门店等。

睿睿也介绍了他的记录表,他画了一个跟别的小朋友所画内容都不一样的建筑——船舫。原来睿睿发现了河上面有一个像亭子一样的建筑,里面还停着一艘船,老师告诉他这个是船舫。他还拍了照片,小朋友们看着船舫的照片都觉得很新奇,纷纷表示想将船舫建构在我们的沙池上。

黎川河设计图

小朋友们分享了自己的记录表，想要把看到的建筑在幼儿园沙池上建构出来。为了让小朋友们能更好地将黎川河岸建造出来，老师打开百度地图，引导小朋友们一起观察黎川河的走向，有几条支流，通过园外资源地图观察老街上建筑物的布局，进行构思与设计。

观察完地图，小朋友们准备自己绘制黎川河的设计图。艺歆突然拿着小枫的设计图来到老师的面前说："老师，他的设计图不对。"老师问她："哪里不对？""老街上的房子都是一排的，而且我看到的树都是长在河边上的。"小枫跟在艺歆后面，听到她说的话，涨红了脸支支吾吾。老师询问小枫同不同意艺歆的建议，小枫点点头。通过绘制设计图，小朋友们明确了黎川河岸两旁的整齐布局。

准备材料

完成设计图后，小朋友们根据不同的分工自发成立了四个工程队，分别是造桥工程队、造房工程队、绿化工程队、船舫工程队。每个工程队开始讨论可以使用什么材料来进行建构。船舫工程队的小朋友们想到了可以使用竹子作为柱子,但是去哪里找竹子呢?幼儿园的资源库有没有?保安李师傅说这几天幼儿园的竹林正在修剪,可以去竹林收集一点竹子。

在老师、爸爸、妈妈的帮助和支持下,所有工程队都按计划准备好了需要的材料。

造船舫

小朋友们开始动工啦!其中最吸引人的是船舫工程队。歆歆和睿睿造船舫前的设想是在船的周围竖立四根柱子,将"屋顶"放在柱子上。他们在活动中遇到了问题,竹子又重又长,四个小朋友一人拿一根竹子放在船的两侧插进沙子里,可是竹子插在沙子里很不稳定,一会儿就倒了,他们尝试了很多次都失败了。歆歆说:"我们应该把沙子挖深一点,挖大一点,把竹子埋在里面。"于是他们再次尝试,这回又发现竹子高低不一样,

"屋顶"放不上去。睿睿拿起"屋顶"比对了一下"屋顶"的大小和插竹子的四个方位,调整了竹子的位置。睿睿说:"我们要把竹子埋得一样深,不然'屋顶'放不上去。"确定好埋竹子的地点,他们重新用铲子挖坑插竹子,睿睿又摇了摇,才把"屋顶"放上去,这回终于牢固了。

活动结束后,睿睿在分享环节提出了建议,他觉得船舫的柱子总是倒,不能很好地保护船,应该换个更牢固的柱子。老师提醒他们看看材料箱,什么材料做柱子能更牢固。小轩觉得可以用积木,但又有小朋友反对,认为积木也容易倒,最后大家一致决定使用砖头。"我们可以用水泥把砖头和在一起,这样柱子就更牢固啦!"星宇提出了更有用的建议,他在农村看到过工人用水泥砌围墙。星宇说:"我们可以把沙子和水倒在一起,就可以做成水泥了。"

制作"水泥"需要黄沙、水,但是每个放多少才合适呢?小朋友们开始尝试配比制作"水泥",等量分成4份放在桶里,分别加入半杯水、一杯水、两杯水和三杯水,然后进行搅拌,三杯水的"水泥"太稀了,只有半杯水的正合适。第二天小朋友们拿着小桶装上水,逐步加入沙子和水,调成合适的"水泥"。星宇和小晨砌了四根柱子,他们一块叠一块,糊上"水泥",这回的柱子可牢固了。小朋友们原本是用纸杯和瓦楞纸做船舫的"屋顶",在看到沙池边有瓦片时,他们用木板作支撑,

盖上瓦片,新的船舫终于完成了。船舫工程队的小朋友们兴奋不已,手舞足蹈地向其他同伴介绍他们搭的船舫。

四个工程队的小朋友们热火朝天地干着,渐渐地黎川河的两岸越来越丰富。老师也根据小朋友们的需要不断添加新的材料,如雪糕棒、文化砖等,为小朋友们不断完善黎川河的两岸风光提供了创作的灵感。栏杆、河埠头、戏台等元素逐渐在小朋友们的活动中呈现出来,黎川河越来越热闹。无论孩子们长大后走到哪,家乡的黎川河将永远成为孩子们内心深处的印记。

感悟与反思

《指南》中指出:"运用幼儿喜闻乐见和能够理解的方式萌发幼儿爱家乡、爱祖国的情感。"通过玩沙建构的方式,幼儿可以更好地了解家乡,培养热爱家乡的情感。大班的幼儿已经拥有了很

我家在镇上

多想法,他们在玩沙活动中以自己的意愿为主,选择合适的材料,绘制设计图,一步一步将黎川风光在幼儿园的沙池上呈现出来。教育是一个情感交流的过程,幼儿作为社会的一员,教师与他们产生互动,在课程实施过程中以他们为主体,尊重他们的意愿,给予他们活动探索的自由,发挥他们的主观能动性。陈鹤琴"活教育"思想的课程论也提到:"大自然、大社会都是活教材。"注重直接经验的积累,提倡幼儿从自然和社会中学习,从实践和亲身经历中获取知识。

(施文婷)

后 记

　　构建适合儿童发展的学前教育课程并努力落实，是实现幼儿园培养目标的重要途径，也是贯彻落实《3—6岁儿童学习与发展指南》的重要途径，更是实现学前教育高质量发展的重要途径。

　　"什么是幼儿园课程？""幼儿园课程在哪里？""如何追随儿童的兴趣设计课程？""如何将身边的资源开发成为促进幼儿发展、让幼儿获得有益经验的活动？"这些一直是幼儿园老师们面临的问题和挑战。吴江区各幼儿园根据自身实际情况，开启了园本提升、内涵发展、课程建设的实践探索征程。

　　十年课程实践，得到了广大幼儿园教师、家长、领导、专家等的关心和支持。十年来，吴江区绘制了幼儿园课程改革蓝图，组建了"学前教育发展共同体"，成立了省内外专家指导团队。在专家沉浸式、伴随式、持续性的指导下，各种问题逐渐有了答案，困惑渐次解开，幼儿园找到了从身边资源入手，追随幼儿兴趣，开展多样化活动，助力幼儿积累有益经验，促进幼儿全面发展的课程建构路径，并在国家级、省级、市级的教学成果奖评选中频频获奖。

　　本套丛书是吴江区各幼儿园课程探索的缩影，共十三册，由吴江区鲈乡幼儿园鲈乡园区、鲈乡幼儿园越秀园区、平望幼儿园、盛泽实验幼儿园、芦墟幼儿园、黎里幼儿园、梅堰幼儿园、铜罗幼儿园、青云幼儿园、桃源幼儿园、北厍幼儿园、舜泽幼儿园、横扇幼儿园、八坼幼儿园这十四所幼儿园合作编写。本套丛书从策划到呈现，离不开负责各册编写的幼儿园教师的实践智慧和无私分享，离不开吴江区其他幼儿园教师的支持和帮助，更离不开虞永平、张春霞、张晗、张斌、苗雪红、胡娟、杨梦萍等团队专家长期以来的精心指导和鼓励。在丛书编写过程中，苏州大学出版社的领导、编辑给予了老师们极大的肯定，虞永平教授更是在百忙中抽出时间为本套丛书作序，张春霞老师在编写中全程悉心指导，在此一并表示衷心的感谢！

　　生逢盛世，奋斗正当时。我们处在大有可为的新时代，在党的二十大精神指引下，吴江幼教人必将扬帆再起航，继续深耕幼教这块沃土，为实现学前教育高质量发展而努力前行！

钱月琴

2023 年 5 月